肖艳玲 著

供需网环境下的企业信誉

GONGXUWANG HUANJING XIA DE QIYE XINYU

中国财经出版传媒集团
中国财政经济出版社

图书在版编目（CIP）数据

供需网环境下的企业信誉／肖艳玲著．－－北京：中国财政经济出版社，2023.4
ISBN 978－7－5223－2030－4

Ⅰ．①供… Ⅱ．①肖… Ⅲ．①企业－商誉－研究 Ⅳ．①F270

中国国家版本馆 CIP 数据核字（2023）第 034623 号

责任编辑：郭爱春　　　　　　责任印制：张　健
封面设计：卜建辰　　　　　　责任校对：张　凡

中国财政经济出版社 出版

URL：http：//www.cfeph.cn
E－mail：cfeph@cfeph.cn

（版权所有　翻印必究）

社址：北京市海淀区阜成路甲28号　邮政编码：100142
营销中心电话：010-88191522
天猫网店：中国财政经济出版社旗舰店
网址：https://zgczjjcbs.tmall.com
北京财经印刷厂印刷　　各地新华书店经销
成品尺寸：170mm×240mm　16 开　10.5 印张　151 000 字
2023 年 4 月第 1 版　2023 年 4 月北京第 1 次印刷
定价：48.00 元
ISBN 978－7－5223－2030－4
（图书出现印装问题，本社负责调换，电话：010-88190548）
本社质量投诉电话：010-88190744
打击盗版举报热线：010-88191661　　QQ：2242791300

前　言

在供需网环境下，企业与企业之间、企业与最终消费者之间在全球范围内借助基于 Internet 的第三方集成化供需信息管理平台（3PSDI）进行物流、资金、信息、人才、技术、管理等资源的交互，满足特定的供需要求，实现利润共享。但由于供需网中的合作过程和交易活动是在全球化和网络化虚拟环境和市场机遇的动态性环境下进行的，如果企业信誉不佳或缺乏信誉约束机制，合作和交易活动将难以形成。本书是探讨供需网环境下企业信誉机制、企业自身信誉评价和企业信誉的创建，为供需网管理模式的有效实施创造条件。

全书共六章，其主要研究内容可以概括为以下四个部分：

第一部分是绪论、基本理论和总结，包括第 1 章、第 2 章、第 6 章。通过研究背景、研究意义和国内外研究现状，说明研究理论和现实意义；综述了供需网和企业信誉及其相关概念，并对企业信誉进行含义界定和特征总结；在本书的结尾，对研究成果进行总结，并对后续研究提出了相关建议。

第二部分是对供需网环境下信誉作用机理的研究，主要在第 3 章。从供需网环境下的信息不对称和机会主义行为入手，分析了信誉如何成为控制机会主义的有效机制。运用博弈论探讨了基于信誉机制的供需网集成效应，表明由于信誉机制的运用使供需双方走出了"囚徒困境"。从企业信誉信息的搜集、评估、传递和共享的角度分析了信誉信息支持机制，这是在供需网中建立信誉机制的必要基础。

第三部分探究了基于第三方集成化供需信息管理平台（3PSDI）的企业信誉评价问题，主要在第4章。提出基于3PSDI的信誉评价指标体系由3个大类指标和40个单项指标组成，3个大类指标分别为信用能力、信用行为和声誉。在此基础上，讨论了评价指标权重确定方法，分别构造了信用能力、信用行为和声誉的评价模型，从而实现在3PSDI中多方面、多角度、持续地展现企业信誉状况。

第四部分研究了供需网环境下企业自身信誉的创建，主要在第5章。提出了企业信誉创建的过程模型，并围绕该模型探讨了如何运用利益相关者管理、诚信文化建设、信用管理、企业识别、品牌塑造及公共关系等管理理论与方法实现信誉的积累和认知。

目 录

1 绪论 …………………………………………………………… 1

    1.1 研究背景 …………………………………………………… 1

    1.2 研究目的及意义 …………………………………………… 2

    1.3 研究综述 …………………………………………………… 4

    1.4 框架结构 …………………………………………………… 11

    1.5 研究方法 …………………………………………………… 11

2 相关概念界定 ………………………………………………… 12

    2.1 多功能开放型企业供需网 ………………………………… 12

    2.2 企业信誉及其相关概念 …………………………………… 17

3 供需网环境下企业信誉的作用机理 ………………………… 22

    3.1 供需网中的不完全信息和机会主义 ……………………… 22

    3.2 信誉作为供需网企业机会主义行为的控制机制 ………… 24

    3.3 基于企业信誉机制的供需网集成效应 …………………… 30

    3.4 企业信誉信息支持机制 …………………………………… 37

4 基于第三方集成化供需信息管理平台的企业信誉评价 …… 44

    4.1 引言 ………………………………………………………… 44

4.2　企业信誉评价指标体系的构建 …………………………………… 47
　　4.3　企业信誉评价指标权重的确定 …………………………………… 59
　　4.4　企业信誉评价模型与方法 ………………………………………… 63

5　供需网环境下企业自身信誉的创建 ……………………………………… 79
　　5.1　企业信誉创建的过程模型 ………………………………………… 79
　　5.2　基于企业利益相关者的信誉创建 ………………………………… 81
　　5.3　基于企业诚信文化的信誉创建 …………………………………… 94
　　5.4　基于企业信用管理的信誉创建 …………………………………… 108
　　5.5　基于企业识别的信誉创建 ………………………………………… 120
　　5.6　基于企业品牌的信誉创建 ………………………………………… 130
　　5.7　基于企业公共关系的信誉创建 …………………………………… 142

6　研究成果及展望 …………………………………………………………… 154
　　6.1　研究成果 …………………………………………………………… 154
　　6.2　研究展望 …………………………………………………………… 155

参考文献 ………………………………………………………………………… 157

1 绪 论

1.1 研究背景

多功能开放型企业供需网（SDN）是由全球范围内的各种类型的企业（在当前可能还有企业联盟）和最终消费者为满足多种供需关系而组成的网络结构模式。在供需网环境下，企业与企业之间、企业与最终消费者之间为了满足特定需求，利用供需网络信息平台在全球范围内交流资金、信息、物流、人才、技术、管理等资源，实现利润共享。但在网络化、虚拟化、动态化环境下，如果供需网中的合作者缺乏基本的信誉观念或没有信誉机制的约束，合作过程和交易活动将难以进行，并有可能使其实施费用无限增大，从而使供需网结构模式失去优势。

自20世纪90年代以来，企业的生存环境已发生了史无前例的变化，工业时代正向信息化时代迈进。企业在经历了价格竞争、质量竞争和服务竞争之后，逐渐步入一个新的阶段——信誉竞争，体现为以下两个方面：一方面合作伙伴的信誉是合作（交易）形成与发展的基础。随着经济全球化的到来，使得以全球采购、全球制造、全球销售为本质特征的经济格局成为定势。为适应这种新形势，企业管理模式正从"相互独立、相互竞争"的单个企业管理模式发展为"合作子系统内部合作、外部竞争"的供应链管理模式（SCM）以及"整个系统充分合作与共赢"的多功能开放型企业供需网管理模式（SDN）。SDN是由全球范围内的各类企业、企业联盟及最终消费者共同组成的网络结构模式。这种网络结构的一个显著特征是其"动态性"。它是为了迎合某一市场机遇而组建的，是随着市场机遇的出现而产生，随着市场机遇的消失而解体。在正常的运转过程中，有新伙伴的加入，也有老伙伴的退出。这种"动态性"使合作更加敏捷并快速应对市场环境，但是也容易产生某种机会主义倾向，对动态合作子网的稳定性带来负面影响。为了消除这种负面影响，合作伙伴的信誉成为最有效和最经济的控制机制。另一方面信息的不对称性和时间的稀缺性，使消费者以企业信誉评判作为能否提供优质产品和优质服务的标准之一。随着科技进步及应用，知识技术密集型产品逐渐增多，然而普通消费者对于产品的品质却没有能力了解透彻。真正了解产品质量的销售者可能为了自己的利益将质量特征的信息"隐藏"起来。在这种条件下，消费者会凭借企业的信誉选择需要购买的产品。另外，随着生活节奏的加快，人们自己能够支配的时间越来越少，越来越多的消费者既想获得优质的商品和服务，又想在购物上节省时间，因此选择产品时更倾向于选择具有良好信誉的企业。

目前企业信誉已成为我国经济发展的重要瓶颈之一。信誉是时下中国最稀缺的一种资源。据统计，在发达市场经济中，以欧美为例，企业的坏账率是 0.25%—0.5%，而我国企业的坏账率是 5%—10%。导致企业与企业之间、人与人之间出现了普遍的不信任感。同时，"假冒伪劣"现象较多，如假酒、假药、假广告、拼装车、新危房，吃、穿、住、行，诸多方面不让人放心。企业不注意维护自己的形象、轻易地诋毁自己的品牌，使我国企业难以迎接国际市场的挑战，信誉约束机制的缺乏，使供需网环境下的企业合作和交易活动难以运作。

1.2 研究目的及意义

供需网环境下企业信誉的研究目的：一是揭示供需网环境下企业信誉的作用机理；二是建立基于供需网环境下企业信誉评价机制，包括信誉评价指标和评价方法；三是基于企业管理的角度提出企业信誉提升策略，为有效实施供需网管理模式创造有利条件。研究意义体现为：

（1）企业信誉机制是供需网运作与发展的前提。多功能开放型企业供需网是利用Internet的优势使供需双方在第三方集成化供需信息管理平台（The 3rd Party Integrated Management Platform for Supply and Demand Information，简称3PSDI）上发布和获得自己的供需信息，每个节点都具有供需双重属性。作为供应节点，可以按需求节点的具体要求定制产品或提供技术，作为需求节点，可以在平台上寻求自己感兴趣的以及价格和质量都适合的产品、技术、管理方法、人才等，然后利用3PSDI的交易管理功能实现在线供需交易。它超越了时空的界限，可以在全球范围内进行远程交易，大部分交易双方从未谋面，这种虚拟性会产生许多交易问题，如实施诈骗行为、发布虚假信息等。这些问题归根结底是企业的信誉问题。如果没有良好的信誉机制，供需网任何先进的软硬件设施都将形同虚设，供需网会因得不到客户的信任而无法发展。

（2）成功而有效的供需网管理模式离不开信誉机制的支持。供需网管理模式的实现有一个暗含的假设，即交易双方相互信任，信守承诺。需方假设供方的供应合法、合格，没有缺陷；供方假设需方有支付能力，双方都会履行交易时达成的承诺。双方依靠信任，认定网络上传递的信息为真，不需要其他辅助手段来证明对方用以交易的供需质是否符合交易条件，最终消费者不需要对商品实物作实地检验，即双方有足够的信誉度，交易才有可能完成。否则，如果假设条件不成立，消费者对网上提供的商品质量存有疑虑，甚至担心网上欺诈，就不会做出购买决策；企业担心收不到货款，其出售决策也会受到限制，在这样的相互不信任中，交易行为是难以实现的。特别是当企业和消费者用不信任的目光注视网上交易时，无形中为供需网的发展设置了一道人为屏障。如果交易前能正确地了解交易者的信誉，交易中能有效地记录交易者的信誉表现，交易后能定期地、权威地公布交易者的信誉，那么失信风险就会自然降低。

（3）良好的信誉是企业取得生存优势的根基。企业的长远发展很大程度上受企业信誉的影响,"没有哪个组织是在信誉很差的情况下取得永续发展的,可以说良好的信誉对企业极其重要"。供需网代表着现代企业管理模式的新趋势,互惠性单元组织的合作方式更具潜力,企业信誉的需求也随着快速满足多样化、个性化的市场需求而提出了更高的要求。

1.3 研究综述

1.3.1 国外研究综述

国外对信誉的研究是在对前人信用研究的基础上开始的。马克思通过资本论对资本主义社会矛盾激化期间的信用作用展开阐述。近代西方马克思主义学派围绕信用展开论述,深入探究由此产生的积极影响和消极影响。同时指出,信用在推动资本主义经济持续发展的同时,也因得到的过度需求再次增加了资本主义生产的膨胀性与盲目性,使资本主义必然难逃生产过剩的局面。上述与信用相关的论述内容为信誉研究提供了支持。当代西方主流经济学派立足于现有的信用研究成果,在更为详尽的层面展开探讨,将原本的信用研究推至信誉研究。不考虑决策者受抽象具体决策环境的实际影响,需要将信息不对称作为优先考虑前提,分析决策时信誉对委托人与代理人的具体影响,进而从微观角度探讨企业发展和整体经济受信誉的影响情况。同时,将以往单向影响的数理方式转变为考量互动的博弈方式。

20世纪70年代,学者莱瑟尔(Lezear)是最早研究企业信誉问题的,并把博弈论引入到信誉问题中,他通过一个博弈模型证明:"工龄工资"可以在长期雇佣关系中抑制员工的偷懒行为。20世纪80年代,Radner和Rubbinstein利用重复博弈方法证明:博弈双方实现风险共担和合同激励的必要条件使委托人和代理人之间保持长期合作关系。

进入20世纪90年代，信誉理论有两个不同的应用方向，一是应用于经济学领域，即以代莱瑟尔（Lezear）为代表，研究信誉如何约束代理人的机会主义行为，以及如何解决利润分配和股权回购；二是应用于管理领域，20世纪90年代，从事公共关系和新闻媒体的西方学者，开始进行信誉管理（Reputation Management）和信誉测评（Reputation Measurement）的研究。把信誉引入企业管理领域，该方向占据了目前西方信誉研究的主要方面。

Balluer（1998）认为企业信誉管理是企业形象管理和品牌管理的必然趋势，他把企业信誉管理研究的演变分为三个阶段：第一阶段（20世纪五六十年代）集中于企业形象；第二阶段（20世纪七八十年代）是强调企业识别和企业交往；第三阶段（20世纪90年代）对企业品牌感兴趣，然后开始关注企业信誉。人们开始从不同的角度研究企业信誉：企业信誉是企业的无形资产（Dowling，1993）；信誉的好坏依赖于企业作为一个整体所从事的每一件事情（Weigelt和Camerer，1988），尤其是它向市场发出的信号和沟通（Fombrun和Shanley，1990）；信誉的象征——企业名字，能被很好管理时，就能给公众留下良好印象，使消费者认为它是有价值的（Margulier，1997）；良好的企业信誉有利于提高员工的忠诚度和吸引人才，进而使企业获得竞争优势（Eidson和Nakra，2000），有助于降低单位生产成本（Stigler，1962），会增加顾客的购买信心，进而提高产品和服务的市场占有率（Fombrun，1998），能降低企业的资本机会成本（Beatty，1986），能够建立市场进入壁垒和抵御进入者，巩固企业的竞争地位，使企业长期保持超额利润（Roberts和Dowling，2002）。

在企业信息和销售信息领域没有几个学科像企业信誉那样引起了更大的学术兴趣，它不同于企业信用、企业形象、企业识别和一般的公共关系管理，但它们又是紧密联系的。对信誉感兴趣的一个原因是拥有极好信誉的企业可以极大地提高财务业绩，在企业全球化的环境下，信誉在创造和保持世界范围内的消费者与公众的市场占有率及精神与情感占有率方面拥有重要作用，并有助于保持全球范围内的业务往来和合作，尤其是在电子商务环境下可以利用信誉机制进行信任管理。对信誉感兴趣的另一个原因是持续的合并、接管和员工失信的时代导致企业和领导者处于新闻界、股票市场分析家和其他专业群体的监督之下，使企业对拥有良好信誉的渴望日益增加，以便防止未来潜在的灾难所引起的不利影响。总之，理论工作者和实践工作者均认为，企业信誉是一种稀有的无形资产，难以模仿，是企业实现长远竞争优势的有效能力。

在企业信誉的创建方面，人们认识到企业信誉受到企业中各部门和全体员工行为的影响。1996年，美国管理协会出版了美国学者Davis Young撰写的 *Building Your Company's Good Name—how to Create & Protect the Reputation your Organization Wants & Deserves*。它共有13章，分别给出了13条信誉规则，包括留意口碑欠佳、有效交际的语言表达、从容不迫地面对媒体、面对危机的企业组织的名声、有助于声望的演说战略等。该书用一系列活生生的实例说明了信誉的重要性以及信誉受挫时如何进行沟通，以尽量减少损失。作者与众不同的见解是"信誉管理的核心是企业决策"，即"创建企业信誉始于管理者的会议室，而不是新闻发布会"。它也是我国翻译出版的有关信誉管理方面的重要书籍。Manto Gotsi 和 Stanley J. 探讨了企业员工和外部公众在企业信誉管理中的重要作用，提出了通过内外一致的沟通和调整人力资源管理与品牌价值的一致性来创建企业信誉。Edmund R. Gray 等学者指出，企业识别和企业沟通是企业形象和企业信誉管理过程的基本组成部分，并探讨了它们之间的相互关系。Schmitt 和 Bernd 认为，信誉管理是品牌管理的自然延伸。Suresh Kotha 等学者提出网络企业信誉创建活动有三种类型，即营销投资、信誉抵押和媒体曝光，他们对世界顶尖的前50家纯粹网络公司进行了实证分析，表明这三种信誉创建活动是网络企业竞争成功的决定性因素。

国外在信用管理方面，已有170多年的历史。世界著名的信用管理公司几乎都发祥于欧美，英国、美国、法国、德国、日本的第一家征信公司分别首创于1830年、1837年、1857年、1860年、1893年。在市场经济发达国家的企业中,普遍建立了信用管理部门,对客户进行信用调查和应收账款的管理等。目前,最著名的企业信用评级公司是邓百氏公司(Dun & Brandstreet)、穆迪公司(Moody's)和标准普尔公司(Standard and Poor's)等。信用评级评价的是企业的金融风险。信誉评价测量的是特定群体对企业拥有的态度(包括金融分析家)。

企业对信誉评价还未引起足够的重视,据美国 Chief Executive 杂志调查,96% 的 CEO 认为企业的信誉对商业成功是重要的,但只有 19% 的 CEO 开始进行信誉评价。1983 年,美国《财富》杂志首次出版了美国最受推崇的企业调查结果,由此产生了一个描述企业信誉的真正行业。该排名以高级管理者和金融分析家为主要调查样本,因而强调了金融方面的实力。自 1983 年以来,类似的信誉评价和企业评级层出不穷。除《财富》杂志公布的"全美最受欢迎的企业(AMAC)"和"全球最受欢迎的企业(GMAC)"排名之外,另一个影响较大的信誉评级是 The Wall Street Journal 给出的 Harris - Fombrun "信誉商(Reputation Quotient,RQ)"排名。RQ 是美国信誉协会和民意调查公司 Harris Interactive 一起开发的。该协会是由 Charles Fombrun 教授和 Cees Van Riel 教授在 1997 年创建的私人研究和咨询机构,是由商学院教授和信誉管理实践者组成的团体,其活动由 14 个国家的资深学者进行协调。Harris - Fombrun RQ 自 1999 年开始每年完成 1 次 RQ 调查。RQ 数据库包含 200 多个公司的信誉测量,是来自 10 万多个美国公众的在线访谈和电话访谈。该学会出版了一本同行论坛杂志《企业信誉论坛》(Corporate Reputation Review)。除此之外,还有由《德国管理者杂志》公布的"综合信誉"和 2004 年由 Manfred 等人提出的"Manfred 二维评估模型"。Gotsi(2001)指出,企业信誉是公司随着时间的推移对利益相关者的整体评估。Cravens K(2003)创建了"声誉指数"的维度,包括公司战略、财务实力、生存能力、组织文化、道德和诚信、治理流程和领导力、产品或服务等。Manfred S(2004)把企业声誉分成了两个维度:能力认知与情感认知。Cludio A(2004)认为,企业家可以通过信誉资本和企业社会责任增强企业的市场竞争力。Eberle D(2013)在企业社会责任对企业信誉影响的研究中表明用户对企业的评价主要分为两种：负面和正面，负面评价对于企业声誉的影响比正面评价要高得多。Leiva R (2016) 在分析商业道德领域中企业信誉、形象与社会责任的具体关系时，认为社会责任是商业道德中企业信誉的最重要的组成部分。Forcadell F (2017) 通过欧洲银行的业绩分析了经济危机期间企业社会责任、信誉对于企业业绩的影响，认为银行通过企业社会责任形成了一种良好的声誉，企业社会责任投资可以作为提升企业信誉和企业绩效的一种手段。Hasan R (2017) 在研究企业社会责任（CSR）与企业信誉（CR）之间的关系中，认为 CSR 与 CR 之间存在积极的、重要的关系。Graafland (2018) 对 1355 个欧洲中小企业（SME）进行了实证检验，发现不认真履行社会责任的中小企业更容易受到公众的批评。

1.3.2　国内研究综述

我国对企业信誉的研究起步较晚，与国外相比有一定差距。但其研究路径与国外很相似，最早的研究也是侧重对信用的研究。曾康霖的《信用论》（1993 年）是国内对西方现代信用理论在中国传播的一个开端。在国外接受过培训、回国后从事信用管理工作的林钧跃等学者编写了企业信用管理方面的书籍。目前，国内有影响的企业资信评估公司是中诚信管理有限公司、上海远东资信评估有限公司、邓百氏国际信息（上海）公司、华夏国际企业资信咨询公司等。

我国学者张维迎从信息不对称和动态博弈的角度开启了企业信誉的研究，他的《博弈论与信息经济学》是国内迄今为止在理论上对信誉理论给予比较系统分析的论述，同时他在《产权、政府与信誉》中通过信誉理论诠释了中国当前的信誉问题。王芳（2011）运用博弈论中的"囚徒困境"模型对企业信誉的形成机理和缺失原因进行理论分析，指出了企业信誉缺失问题产生的根源和本质；赵向莉（2017）以贝叶斯法则为理论基础，通过行业协会改善交易双方的信息不对称问题以此来治理企业信誉缺失问题；高海峰（2019）分析了信誉在不对称信息市场上带给企业的经济效益及社会效益。

王新新（1998）等从企业管理角度介绍了国外信誉管理领域的研究情况，以及对信誉（声誉）管理的概念、重要性和我国实施信誉（声誉）管理的对策进行了探讨；边翠兰（2001）论述了信誉资产的优化配置问题；徐鸿（2002）从政治经济学角度对过渡时期的国家的企业信誉进行了研究，提出守信行为的利益主体为了长期利益和虚物利益，放弃了短期行为和实物利益；付爱玲（2003）、杨成国（2003）等对企业信誉风险的界定及其分类进行了理论上的探讨，对企业存在的各类信誉风险的成因进行较深入全面的分析，为构建治理企业信誉风险的对策体系奠定了基础；沈红宇（2003）、夏德、程国平（2003）通过分析供应链的自身特点以及正常运作、效率发挥的前提，阐述了信用的重要作用，并简要探讨了信用的培养和维护机制；姜向阳（2005）、柳河东（2007）和姚久扬（2010）等从微观企业的角度出发，分析和研究企业信誉危机及其产生的根源，在理论层面上对信誉的战略价值和经济价值进行分析；乔蓓（2012）认为，在市场经济条件下，契约和信用是企业与企业之间、企业与消费者之间相互联系的基础，而企业信誉是其信用的基本表现形式；丁胜利（2014）基于社会责任分析了企业信誉资本及其价值、信誉资本的产生机制，包括内生机制和外生机制；唐振林（2015）研究发现，企业信誉已经成为一种稀缺资源，企业应该从自身内外两个方面构建企业信誉战略体系，发挥其信誉资源在市场竞争中的优势；陈浩、李银胜（2015）提出一种结合多角色评价、制度信任、历史行为和第三方信用记录等的多维度主体网络信誉模型；周茜、谢雪梅（2018）应用 ANN 方法对 B2C 电子商务信用风险各指标权重进行了测度。

徐福缘（2002）、孙纯怡（2003）、何静（2004）和何建佳（2019）等提出了多功能开放型企业供需网，在结构上拓展了由供应商、生产商、销售商和最终用户构成的线性串联的链状结构，基于 Internet 基础形成了包含多种资源优势互补、多个行业协同合作、信息交流共享的网络结构。

由徐福缘教授主持的"多功能开放型企业供需网及其支持系统"等项目，连续获得国家自然科学基金的资助，课题组成员已在国内外核心期刊上发表相关学术课题数十篇。目前，对供需网的管理思想、运作模式等已开展了较深入的研究。

综上所述，可以看到：

（1）从20世纪90年代初开始，企业信誉管理已成为国外学术界和实践领域的研究热点，现已进入逐步发展阶段，我国对信誉问题的研究起步较晚，观点和应用较为分散，处于起步阶段。

（2）目前，国内外对信誉管理的研究更多地强调信誉的重要性，对如何进行信誉管理的研究，尤其是从企业自身角度如何创建企业信誉缺少系统思路和有效方法。在国外，大多数企业是借助专业服务公司进行信誉管理，而且主要是提供单一的信用或声誉方面的服务，本书提出了企业自身如何利用利益相关者管理、诚信文化建设、信用管理、品牌塑造等管理理论与方法以实现企业信誉的积累和创建，该成果适用于各类企业。

（3）现有信誉评价方法存在局限性：一是声誉评价，主要是对公众心目中最好和最坏的企业进行考察，或按收益大小选择目标企业，缺乏对知名度不高的中小企业的评价，其使用价值有限，尤其是不能满足供需网环境下企业（消费者）选择合作伙伴（交易伙伴）的决策参考；二是国外现有信誉评价方法反映较多的情感和主观印象，需大量的调查表，工作量较大，其评价结果对样本范围和数量反应敏感；三是没能有效地将资信信息和声誉信息相结合进行信誉评价。

随着网络经济和全球经济一体化的来临，基于Internet的多功能开放型企业供需网是继供应链等合作管理模式之后的一个新的研究领域，研究供需网环境下的企业信誉的作用机理和如何创建和评价企业信誉，将会极大地支持供需网管理理念的实施。

1.4 框架结构

供需网环境下企业信誉研究的框架结构见图1-1。

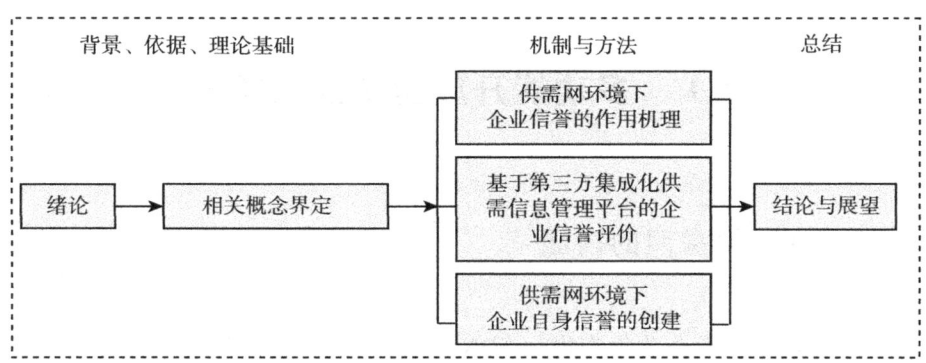

图1-1 框架结构

1.5 研究方法

(1) 问卷调查法。针对企业信誉的影响因素、信誉评价指标及其重要性进行问卷调研。

(2) 专家咨询法。组织召开两次专家咨询会议,围绕企业信誉的战略价值、企业信誉的评价机制、企业信誉与企业文化、企业社会责任、企业利益相关者等问题展开咨询,为我国供需网环境下企业信誉创建及提升研究的顺利开展提供信息与解决方案。

(3) 系统分析法。将供需网环境下企业信誉的研究看作一个系统,有意识地应用系统思想对项目系统及其相关问题进行调查分析,提出必要可行的研究目标和科学合理的研究步骤,在完成过程中综合运用管理学、经济学、社会学、博弈论、计算机技术等学科知识。

2 相关概念界定

2.1 多功能开放型企业供需网

2.1.1 供需网的内涵

多功能开放型企业供需网（SDN）是指在全球范围内，以全球资源获取、全球制造、全球销售为目标，相关节点之间由于"供需流"的交互作用而形成的多功能开放型的供需一体化网络结构。供需网结构见图2-1。供需网是由基于Internet信息平台的、遍布全球的供需节点及其关系组成的，其中的各类节点实体通过供需流的流动建立多种供需联系，并通过信息通信技术实现信息交互，与其他企业或组织建立合作伙伴关系，在全球范围内通过资源优势互补，实现不同组织间跨时空、跨组织边界的动态协作，从而创造出更多的全球价值，满足最终消费者的需求。

SDN中的节点无论从内涵还是从外延上都与供应链中的节点有很大的不同，被赋予了新的经济学含义。其中，企业节点不仅包括供应商、制造商、分销商、零售商（这也是传统供应链管理研究的对象），还包括同行业的竞争对手、其他相关或者无关行业的各类组织，如科研机构、咨询公司、大学、金融机构和非营利机构等（这是一类广义的企业节点）；在当今条件下，可能还存在企业联盟，这是指供应链、战略联盟、虚拟企业等联盟组织，它们虽然目前以一种联盟的身份出现，但这些联盟内的企业应

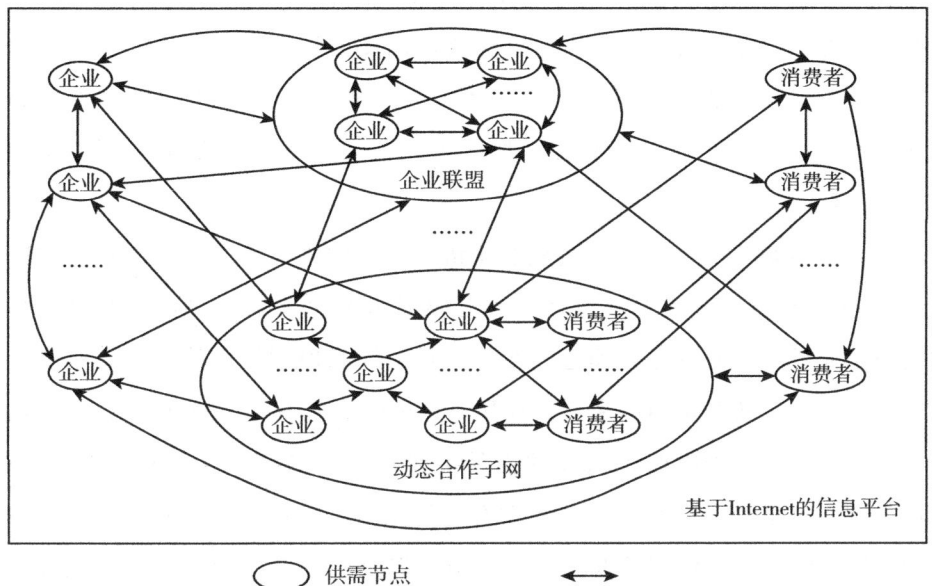

图 2-1 供需网结构示意图

将自己融入 SDN 中,并将联盟之间以往存在的"你死我活"的敌对竞争关系向着相互合作的方向转化,从而使整个网络真正地体现出 SDN 的理念,实现相互之间的"充分合作与共赢"。

2.1.2 供需网的特征

(1) 网络性。为满足各方供需关系,SDN 是由全球范围内各行业中的各类型的企业、企业联盟和最终消费者而组成的网络。在这一网络结构中,所有节点都处于平等的地位,可以没有一个企业是核心企业,各节点是以"供其吾余,求其吾需"的观念与网络中任意节点建立交易关系,节点与节点之间的关系也由原来链状结构所误导的"单边"关系变为"多边"关系。

(2) 多功能性。与供应链等其他企业的合作管理模式相比,SDN 具有多功能性:一是宏观上各节点具有供需功能,形成供求关系体系。二是从微观上，除了物流功能以外，还可以实现其他的供需功能（技术、资本、经营理念、信息、人才等供需）和供需流动交换等。实现 1+1>2 的整合功能。三是可以实现每个节点之间不同层次的交互，包括表层（如原材料、产品等）交互、企业中层（如技术、制度等）交互和企业深层层次（管理理念等）交互。

（3）开放性。就供需网的概念来讲，真正的供需网是基于 Internet 的，而 Internet 的最大特点是开放和自由。从管理角度来看，供需网打破了传统的企业界限，使企业管理边界变得更具柔性和模糊性，使其真正具有全球性的特点。从技术角度来看，应用 Agent 技术和 Web 服务技术，供需网可在已有的系统中随时加入新的交易实体，每个交易节点是相互平等的。由于交易对象的全球性，交易各方有可能来自不同的国家，这对交易各方的网络诚信提出了较高的要求。如美国计算机伦理协会的"计算机伦理十戒"中有 6 条与诚信有关。由此可见，诚信不足是网络交易的最根本问题。

（4）动态性。SDN 是以市场机遇为驱动，由相关企业在短时间内迅速建立合作关系的组织。游离于 SDN 中的相关节点为了满足市场上出现的某种供需要求，通过集成各自的"核心能力"组建成动态合作子网或企业联盟，动态合作子网的一个显著特征是其"动态性"。它是为了迎合某一市场机遇而组建的，是随着市场机遇的出现而产生，随着新问题的出现或市场机遇的消失而解体。然而，由于供需网的网络性和多功能性，供给节点和需求节点之间存在许多松散的互联关系。一种供需关系结束，另几种供需关系或新的供需关系同时存在或萌发。当需求或供给出现问题时，多边关系将促使企业迅速转向其他目标。

2.1.3 第三方集成化供需信息管理平台

为满足特定的供需要求，分布于 SDN 中的企业必须有能力对"海量信息"进行迅速筛选与有效辨识，抓住市场和选择合作伙伴，确定适合自身的供需要求。因此，企业只有充分利用 Internet 的网络通讯基础和具备全球信息共享能力的信息管理平台,才能有效运作供需网。

针对 SDN 的理论模型构建的 SDN 的支持系统——第三方集成化供需信息管理平台（The 3rd party integrated management Platform for Supply and Demand Information,简称 3PSDI）是指通过 SDN 中的供需资源的畅通传递,满足各类节点供需要求,由第三方企业经营和维护,完成全球范围内的多种类型信息的采集、管理、检索和挖掘工作,该信息管理平台的最终目标是实现全球增值。它是以 Internet 作为网络通讯的媒介,从而可以实现在全球范围的信息共享。

2.1.3.1　3PSDI 的特点

（1）信息多功能性。3PSDI 所提供的信息具有多功能性的特点,可以细分为产品信息、金融服务信息、设备及原材料信息、专业技术及技术专利信息、企业管理咨询信息、人力资源信息、产品交易信息以及经营决策类信息等。

（2）服务集成性。3PSDI 基于对"群消息"的收集,为 SDN 中的每个节点的合作提供综合信息服务。3PSDI 的核心服务功能是为了使各节点能够迅速检索符合自己要求的各种需求和供给信息。不仅可以帮助企业收集信息,还可以进行企业经营决策咨询。

（3）信息共享性。3PSDI 是以互联网为基础利用互联网的通信介质,面向世界范围的各类节点。互联网和宽带技术的成熟,3PSDI 中不同地理位置和时区的全球供需节点可以同步快速地进行交互,消除了是时空差异和延迟。

（4）交易虚拟性。随着网络经济的发展,供需网在 Internet 的基础上最大限度地摆脱了时间和地域的限制,开始逐渐形成规模日益扩大的虚拟市场。在传统的经济范式下,企业所面临的竞争区域是相对有限的,除了少数全球化经营的大型跨国公司和跨国集团,企业的市场范围主要还是区域性或全国性的。供需网在全球范围内扩展了企业边界,为虚拟企业的形成提供了平台,使企业范围延伸到包括合作伙伴、供应商、客户以及其他利益相关者在内的复杂关系系统之中。与传统市场比较起来，3PSDI 跨越了时空限制，交易双方可能互不见面，要想使 3PSDI 正常运行，需要有一个良好的信用环境。

（5）管理独立性。3PSDI 独立于 SDN 中的各类供需节点，并提供有偿服务，所以能主动探索各种方法和机制包括信誉机制，以实现信息的高度真实性，最大限度地避免各类交易节点（包括 3PSDI）伪造虚假信息的可能性。

2.1.3.2　3PSDI WEB 应用框架体系结构

3PSDI 与 C/S 模型不同，采用了包括业务服务层、用户服务层、数据服务层的分布式多层架构。其 WEB 应用框架体系结构见图 2-2。

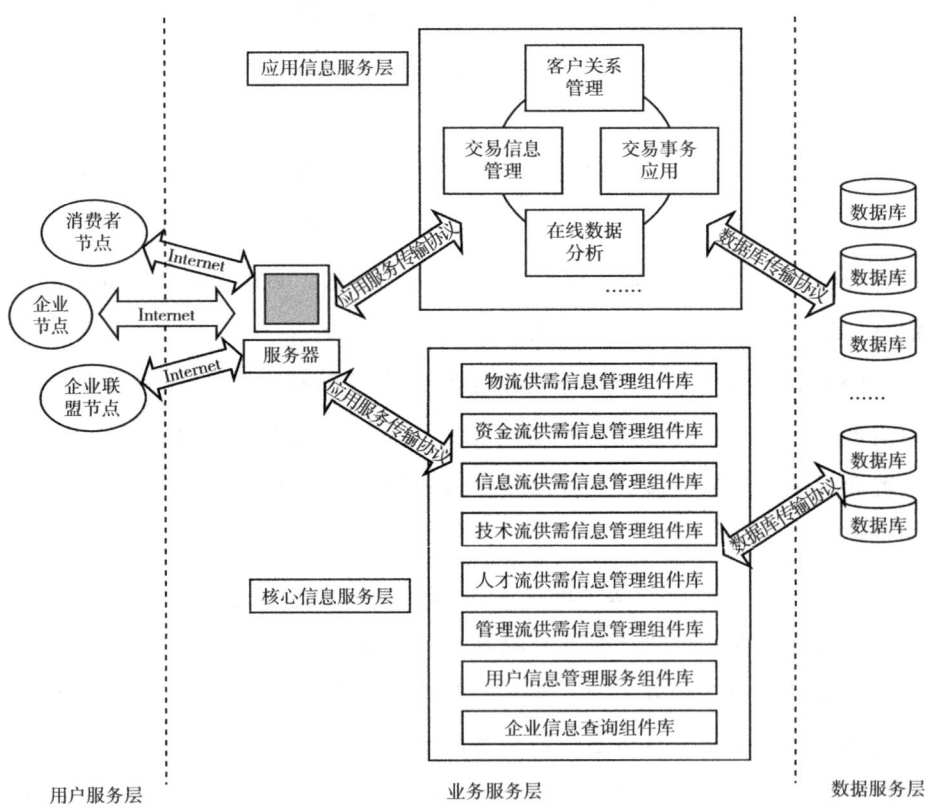

图 2-2　3PSDI WEB 应用框架体系结构图

业务服务层包括 WEB 服务器以及 CORBA、COM／DCOM 或 EJB 三种技术中的一种服务组件，该组件经由核心信息服务层和应用信息服务层两个阶段提供服务。核心信息服务层包括物流供需信息管理组件库、资金流供需信息管理组件库、信息流供需信息管理组件库、技术流供需信息管理组件库、人才供需信息管理组件库、管理流供需信息管理组件库用户信息管理服务组件库和企业信息查询组件库。应用信息服务层包括交易信息管理服务、在线数据分析服务、客户关系管理服务、交易协作应用服务等。组件库可以向不同的商业逻辑服务器分发组件的库，以避免由于服务的高容量导致组件的性能降级。

3PSDI 的用户服务层只能使用浏览器内的 HTML、XML、Java 小程序、ActiveX 等活跃页面，主要功能是企业、企业联盟与消费者的互动、分析以及相应的用户输入。

数据服务层主要根据应用程序选择不同的数据源来提供数据的存储和访问，从而确保数据在网络中的有效存储和访问。

由此可见，要保障供需网上交易的顺利实施，就必须让交易双方把信誉抵押出来。但问题是交易双方可能互不见面，是匿名的，怎样才能建立起匿名的企业信誉呢？许多学者认为，运用计算机的数字密匙，让第三方确认交易双方的身份，而交易双方依然保持匿名。因此，3PSDI 可以充当信誉证人，在任何交易前，当事人都可以向 3PSDI 索取交易另一方的信誉证明，作为交易决策的依据。

2.2　企业信誉及其相关概念

2.2.1　企业信誉及相关定义的界定

近几年来，企业信誉及其管理成为国内外管理学者反复谈论的热门话题，企业信誉研究方兴未艾。不同的学者从不同角度来理解企业信誉的含义，至今学术界仍未找到一种公认的表述来定义企业信誉，如在代理理论中被认为是维护和促进代理原则的一种保证；在会计领域被认为是一种好名声；在组织理论中被认为是企业身份的表现；在管理领域被认为是一种潜在的市场进入壁垒。

除了上述描述之外，还有一些定义解释了信誉是如何形成和发展的。如：

（1）信誉是属于一个企业的与其过去行为有关的一系列特征的集合（Weigelt 和 Camerer，1988）。

（2）信誉是随着时间的流逝，通过企业利益相关者的眼睛看见或通过他们的想法和语言表达的对组织的印象（Saxton，1998）。

许多学者也从不同侧面给出企业信誉的定义。Fombrun（2000）认为，企业信誉是依据顾客、投资者、雇员和普通大众对企业的情感反应来表达的。然而，他并未说明其原因。相反，Gray 和 Ballmer（1998）认为，企业信誉是利益相关者对企业特征的理性评估。但是也有很多学者认为，企业信誉即是情感反应，又是理性认知，如 Hall（1992）把认知和情感两方面结合在一起，认为企业信誉是由认知和情感因素组成的。Dozier（1993）指出，信誉既依赖于直接的经验，也依赖于加工过的沟通信息。

如上所述，企业信誉的定义丰富而庞杂，综合这些定义，本书认为：

企业信誉（Corporate Reputation）是指基于企业过去行为和未来前景，对企业履行各种承诺的能力及企业整体可信任程度的综合判定。"信誉（Reputation）"是对某人或某事的总的看法或信任程度。企业"无信不立，无誉不兴"，企业信誉反映了利益相关者对企业的信任和赞美程度。正如"现代汉语大词典"（2000 年版）把"信誉"解释为"信用和声誉"一样，企业信誉始于企业主体的信用和声誉。企业信誉包含两方面的内容：一是企业对承诺或契约的履行情况的综合体现，目前理论界对这一方面研究较多；二是企业遵守社会道德、承担道义和追求名誉的集中体现。

当前我国学术界和实践领域对信任、信用、声誉、商誉等与信誉相关的概念有些是混淆着使用，有些是区分使用，把这些概念区分清楚有利于信誉的研究。

信任（Trust）：相信或信赖。表示相信某人或某组织的为人或能力，强调毫无保留地确信某人或某事在任何情况下都可靠。

信用（Credit）：①信任并任用；②以能履行与人约定的事情而取得的信任；③借贷活动，即以偿还为条件的价值运动的特殊形式。在商品交换和货币流通存在的条件下，债权人以有条件让渡的形式贷出货币或赊销商品，债务人则按约定的日期偿还款项，并支付利息。

声誉（Fame）：声望名誉。企业声誉是指企业在社会公众中的知名度和赞美度，是行为主体注重社会价值、履行企业义务、遵从社会道德、承担道义、追求名誉的集中体现。是通过社会对企业经营管理、技术力量、创新能力、人才智力、社会责任、产品和服务的质量等进行主观评价而获得。

信誉（Reputation）：信用和声誉。它是相关群体对行为主体的总的看法或信任程度。它反映了人们对企业的信任和赞美程度。可以借助名人效应或者向社会做捐助、资助兴办慈善事业，博得一些好名声，但这并不能代替企业去树立信誉。企业信誉只能通过在实践中逐步积累。

商誉（Goodwill）：会计学中将信誉资产的价值称为商誉。它并非虚拟资产，是一种由企业良好的技术、管理等而产生的整体无形资产中未确指的无形资产。可确指的无形资产是指专利、商标、专有技术、计算机软件等，它们都是产生信誉的重要因素，也应该是商誉的一部分。所以，广义的商誉几乎包括全部的无形资产，但为了防止出现重复计算，需扣除可确指部分。

本书中涉及的"信用"是广义的，指各类参与主体能有效履行各种契约而取得的信任，包括资金借贷和商品赊销过程中的信用（Credit，一般指银行借贷活动），后者是信誉的相关内容之一。国外理论界普遍把 Credit 归入财务管理，使它成为一门较系统的相对独立的学科"信用管理"。当前理论界对"信用管理"和"信用评估"关注得很多，因为它们能很好地被量化和模型化，而对涉及声誉的信誉研究得很少。

2.2.2　企业信誉的特征

企业信誉的特征反映了企业信誉的共性，通过对企业信誉共性的探讨，可以为如何实施企业信誉管理提供依据。

（1）信誉资产的无形性。企业信誉不能独立存在，只能依附于企业、产品或品牌等载体。信誉作为无形资产，一是它不会随时间的延伸而贬值，建筑物会破旧，产品会老化，版权会过期，企业的信誉如能善加维护，其价值会与日俱增；二是企业信誉与商标权、专利权等无形资产不同，它不能单独作为一项资产独立交易。正是由于这种专有性，良好的企业信誉是其他企业无法克隆、无法移植的独特资源，因而可以构成企业的核心能力。

（2）信誉独有的补偿性。信誉为企业借助利益相关者的思维定式以摆脱不利局面提供了条件。思维定式是指由一系列心理活动所形成的准备状态，它可以决定同类后续心理活动的趋势。心理学实验证明：人在重复（10—15次）感知两个大小不同的球后，对两个大小相同的球也感知不相同。任何企业都难免出问题，对于平时具有良好信誉的企业，由于思维定式的作用，利益相关者比较能够对问题给予谅解，企业由此赢得了纠正错误、恢复形象的机会，把不良后果降到最低。

（3）信誉影响的外部性。分析企业采取守信或失信的行为特征不能就事论事。引用经济学中的"外部性（Externality）"概念分析信誉问题可得出新的启示。企业选择守信或失信行为，不仅会对自身产生后果，还会给他人（外部）带来效应。例如，在一定条件下，企业的守信行为可能会对其他当事人产生"正面"影响，引起别人的效仿，结果有利于形成大家都守信的社会环境；反之，在一定条件下，企业的失信行为可能会对其他当事人产生"负面"影响，从而引发恶性循环。

（4）信誉形成的长期性和易碎性。信誉的创建与维护需要投入大量的资金与时间，其经济效益却在几年以后，并可能与短期利益相冲突。企业良好的信誉不是靠自我标榜，而须经过长期的一点一滴、日复一日的诚实和进取获得的。同时，信誉不像其他资产那样稳定，企业赢得的信誉不是一劳永逸的，它需要企业持之以恒的努力，企业行为稍有不慎就会危及企业信誉，信誉一旦受损，企业就会迅速贬值。

（5）信誉评价的外在性。企业信誉在综合了来自企业自身、直接交易者、评估机构、监督机构及其他利益相关者发出的有关企业信息的基础上形成的，企业信誉还体现了利益相关者的期望及企业满足期望的相对程度。由于不同利益相关者的期望不同，对企业关注的侧面也不同，即使是根据同一信息所作出的评价也会有某种程度的差异。

综上所述，信誉问题产生的根源：失信收益大于失信成本。交易方式、交易环境和社会环境共同决定着企业信誉的状况。

3 供需网环境下企业信誉的作用机理

3.1 供需网中的不完全信息和机会主义

供需网管理模式的有效实现是基于 Internet 基础之上的。供需网中，数字信息的全球获取和传递，对信息搜寻和获取机制产生了深刻影响。有人认为，数字化信息趋势将消除信息的不完全和不对称，似乎网上信息是完全且充分的。美国得克萨斯大学奥斯汀分校教授安德鲁·温斯顿等也指出："这种数字技术正在急速地改变着信息不对称所导致的垄断竞争……。"然而，在基于 Internet 的供需网中，不完全信息问题并不会得到根本改观。信息的不完全问题在交易过程中普遍存在。例如，消费者订购音乐光盘，当获得光盘但未播放这张光盘前，消费者并不了解这张光盘的效果，不知道其内容是否精彩，此时消费者所拥有的信息就是不完全信息。

3.1.1 供需网环境对信息约束的影响

在供需网管理模式的 Internet 环境中，信息的获取与处理技术正在快速地发展，对信息约束问题产生了不可忽视的影响。

第一，供需网环境下，信息获取的成本约束大大减小，因而信息搜寻的成本大幅度降低。但大幅降低的成本并没有让决策者获取的信息趋向于完全信息，当决策者进行交易时选择某一具体对象，相对于这一行动，其他大量的信息并无价值。也许拥有快捷的信息传递技术，会让决策者在获得交易对象信息时更加方便，但相对于买方来说，卖方的信息优势并未得第二，在供需网环境下，立体网络结构还可以使节点之间直接进行沟通，有效地避免了供应链信息传递过程中的扭曲以及放大的需求信息效应的产生，对信息获取过程的时滞约束将趋于完全消失。信息的即时复制能力和快速传递技术使信息获取过程的时滞接近于零。然而，时滞约束不是信息约束的四种因素中的一个基本因素，因此时滞约束的消失并不能明显改善决策者获取信息过程的不完全问题。

第三，在供需网环境下，交易双方在使用供需网时的约束不断增加。尽管改变双方的交易方式，买方在购买商品（如物品、信息、技术、人才等）前对其的使用都会受到同等限制。供需网的全球制造、全球采购、全球销售甚至会导致买方缺乏商品的直观信息。

第四，改进供需网处理信息的技术，同时企业对信息的处理能力将获得极大的提高，但"不管如何改进处理信息的技术，在吸收信号方面，人类的智能和意识将永远受到限制"。从根本上讲，人们最终不可能成为完全理性的人。

通过以上分析可知，在供需网下，信息约束的问题依然存在于行为主体的经济活动中，因此不完全信息问题将依然存在。

3.1.2 供需网环境下不完全信息问题的新特点

不完全信息问题在供需网环境下具有两个新特点：

(1) 更突出了信息安全问题。主要是指第三方集成化供需信息管理系统受到 Internet 安全风险的普遍性、严重性的影响，产生了混乱、破坏和不确定性。因特网的弱点，严重威胁了供需节点的交易活动，其中最显著的问题是截取数据传输过程中的关键业务数据，这将导致新的不完全信息问题的产生。

(2) 尤为必要的信息认证。除了实现物流功能以外，供需网的多功能性还体现在其他供需流功能（技术、资金、管理理念、信息、人才等）的存在，伴随所有供需流的信息流，包括信息流本身，在全球范围内进行交互作用，这些信息充满动态性和不确定性，如果所获得信息的权威性和信息的可信度无法被基于因特网的供需网支持系统确认，网上商业活动将会产生混乱，同时企业或用户也会处于"信息饥渴"的状态。因此，更重要的是向供需网的参与方发放数字证书，并由此确认各方的身份。

3.2 信誉作为供需网企业机会主义行为的控制机制

关于信誉如何用于控制机会主义的证据，历史上有这样的记录：11世纪的商人为把信誉作为一种强制机制，依赖贸易协会进行信息交换，即商人利用贸易协会提供的信息雇用海外代理商。后来，代理关系由贸易联盟管理，期望、隐含的契约关系和具体的信息传播机制共同支持信誉机制的运行（Greif, 1989）。由于这种机制，一旦代理商从事不道德行为，败坏了信誉，将会为此付出巨大的损失。本节研究的重点是关于在交易关系中信誉对控制机会主义所发挥的作用。

3.2.1 信誉与信誉机制

企业信誉是指基于企业过去行为和未来前景，对企业履行各种承诺的能力及企业整体可信任程度的综合判定，反映了利益相关者对企业的信任和赞美程度。企业信誉提供了有关企业行为的信息，而无需直接参与其行为。一个企业会观察交易方的行为，从中对交易方的信誉作出评价。如果这个企业将此告知给其他企业，则交易方企业就会在这些企业中享有某种信誉。

企业实体在许多不同领域享有信誉，这些领域涉及与企业交往的不同利益相关者，包括员工、政府、股东、顾客和供应商，每个利益相关者都有不同的期望值。企业实现这些期望的程度决定了其在一特定领域的信誉状况，并且一个企业在各领域中的信誉可能是不同的。企业不仅在各利益相关者之间享有信誉，还在其竞争者中享有信誉。一个企业会被视为强或弱竞争者、道德的或非道德的竞争者。企业信誉的好坏依赖于特定领域的利益相关者，是利益相关者对企业的经验评价，它归因于企业在各领域如何出色地开展业务。低劣的信誉意味着一个企业的行为纯粹是为了私利，甚至到了破坏与供需网合作者的现有和未来的关系；而好的信誉意味着企业遵循合约条款、遵从社会道德、承担道义、追求名誉。在多数情况下，企业的信誉对于它吸引和保留业务的能力是非常重要的。因此，关于供需网成员如何开展业务的信息传播既会提高它在这一特定领域的信誉也会使信誉遭到破坏。

供需网环境下的企业信誉机制是指给供需网节点提供关于企业行为的信誉信息，以便节点能更准确地判断企业诚恳合作、遵守合约规定条款的程度。信誉机制的价值一是它能够增进企业（或消费者）对合作伙伴（或交易伙伴）的信任，企业（或消费者）首先利用信誉信息鉴别潜在的合作伙伴（或交易伙伴），由信誉产生的这种信任关系是合作和交流的基础，在建立信任关系的过程中，信誉之所以能起作用，是因为它给出了一种市场信号，这种市场信号使得社会中的其他成员相信合作伙伴是值得信任的；二是机会主义行为者面临信誉机制下供需网成员的联合制裁，从而导致机会主义成员失去与任何供需网成员进行交易和合作的能力。这在缺少正式控制机制的环境中是非常重要的。将信誉作为将来行为的预示者，企业就能更有效地避开那些追求暂时私利的企业，并辨别出致力于互惠关系的企业。

3.2.2 机会主义的控制

机会主义能依靠法律契约或制度途径来正式地控制。一旦协议条款写在法律契约中，企业就有权在法庭上要求赔偿或追究刑事责任或罚款，但这会加大时间成本并影响正常业务，并会危及正在进行的合作。严格的法律契约对近距离交易中的机会主义控制是很有效的，然而如果条款是非正式的，则当事人必须依靠其他途径来保障自身权益。非正式协议需要非正式的管理方法，如内部整合、特殊资产和关系准则或社会方法，企业信誉机制是属于关系准则一类。

目前有两大交易管理理论，即交易成本经济学和委托—代理理论（信息经济学），在这两个理论下所涉及的交易方被假设为具有机会主义行为。代理理论和交易成本经济学提出了市场不完全条件下的典型范例。尽管它们之间存在相似性，但它们却是分别从不同的角度研究交易过程。交易成本理论认为，企业是一种抑制机会主义的机制；而代理理论认为，企业是委托人用激励和监督机制来抑制机会主义的地方。

根据代理理论，委托人通过订立契约控制机会主义，以便使代理人的激励和委托人所期望的成果一致，但是在高度不确定性的环境中委托人很难这样做。更重要的是，在许多交易环境中（包括供需网）根本无法辨别谁是委托人谁是代理人。两方当事人可能会是双重角色，使一方更难为另一方设定一些激励。

根据交易成本理论，交易双方可采取两种方法控制机会主义：一种方法是内部职能整合。交易中，企业能垂直地整合职能，垂直整合管理意味着对所有权和由此衍生的使用资产或运用职能的权力的管理。整合职能的成本很高，但一般低于潜在机会主义行为造成的成本。除了内部整合成本外，怎样才能有效运行职能也是个问题。所有权的结合并不意味着管理者们分享了组织的所有目标，为了自身利益他们会牺牲组织的整体目标。另一种方法是投资特定资产。企业可以要求对交易的特定资产进行投资，以便控制渠道成员的机会主义行为。因为这些资产离开特定的交易关系，其价值就会降低。企业投资交易的特定资产有三种原因：第一，特定的资产会比非交易特定资产产生更大的效益和效率；第二，运用交易特定资产来标志他们的真实意图；第三，交易特定资产可以作为永久的保证，一旦发现机会主义行为就会被没收。然而，高水平的特定资产能使企业被锁定或套牢，一旦被锁定或套牢，就可能被其他方控制交易，并会对投资方提出要求以把握对己有利的形势。其后果是机会主义控制机制成了机会主义的源泉。

当信誉被用作控制机会主义行为时，是属于一种关系准则方法。信誉可用于告知企业对其他企业给予信任和履行义务的程度。信誉机制解决了许多与交易相关的问题，尤其是在不确定的环境中。运用信誉机制，企业可以通过其他方提供的记录纵览某一方的一贯表现。这个信息可减少逆向选择（Exante）成本，并能使道德风险（Expost）成本最小化，因为其他企业会基于某一方的行为作出判断，所以投机的一方将会承担信誉破坏的风险。

3.2.3 信誉机制的运行

信誉系统就是一个信息交换网络。如果一个企业以前从未与当事人有过交往，但只要是有关当事人信誉的信息，企业就会由此作出相应的反应。如果对方的信誉很差，企业就不会与他进行交易，或会十分小心谨慎。在这种情况下，投机者就很难在信息充分的企业中获得好处，交易的潜在损失会促进守约行为。

3.2.3.1 信誉机制运行的条件

信誉是一个复杂的机制。信誉系统的运行必须存在三个条件：

第一，共享交易各方的信誉信息；

第二，重复博弈（从事交易的企业要继续运营）；

第三，当事人必须有足够的积极性和可能性对欺骗行为进行惩罚。

上述第一条说明，信誉系统的必要前提是企业间会共享投机企业的信息。只有这样，信誉不良的企业才很难再从对其有疑问的其他企业获得利益。换而言之，只有企业可获得对方过去行为的信息时信誉系统才有效，因此企业必须愿意分享信息。那些没有参与信息共享的企业会处在不利位置。因为他们可能与失信企业交易,除非企业对失信行为有另外的解决方法,否则,未加入信誉系统的企业会由于遭受失信行为而导致更高的成本。另外,由于其他企业对其不了解,从而对其不信任。

众多企业可以联合起来控制投机行为。尽管倾向投机的企业会认识到这种集体活动会对自己造成严重影响,但这种集体行为只是一种威胁。毕竟,投机者想知道在其对一个企业实施投机行为后,这个企业会不会把他的行为告知其他企业,其他企业会不会对自己进行惩罚。如果这种威胁产生了破坏作用,有潜在投机倾向的当事人就会认为这种威胁是可信的。那么,什么因素可以使这些威胁可信呢?有学者认为,在一个企业接受这种威胁可信之前,形成威胁的实体必须建立一种约束。两个因素可以约束企业:第一,企业受到第三方的约束。加入拥有信誉机制的供需网或与类似企业建立专业联系,如贸易协会,可以使企业之间相互约束。潜在投机企业会把这种在长期关系中被企业曝光的威胁看作是可信的。第二,企业间差异越大,这种威胁就越明显。基于全球范围的供需网中的节点企业就具有这种特点,因企业会从传递信息中得益而不必因增加竞争而有所损失。

3.2.3.2 信息共享

信誉系统运行的基础是信息共享。我们可以通过下面的例子看出信誉系统是如何有效运行的。假设有三个制造企业,一个在大庆市(企业 A),一个在上海市(企业 B),一个在北京市(企业 C),他们的供应商在新疆维吾尔自治区,三个城市的制造商都需要新疆维吾尔自治区的若干供应商,见图 3-1。假设企业 A 与企业 B 之间不存在直接竞争,但他们都与北京市的企业 C 存在竞争,大庆市的企业 A 和上海市的企业 B 分享关于供应商的信息,而北京市的企业 C 不分享信息。除此之外,三个制造商均相同。在这种条件下,大庆市和上海市的制造商在选择供应商的过程中比北京市的制造商具有优势,因为通过信息共享,两个企业更可能选择到非失信的供应商。遭遇失信行为意味着支出,因此,如果其他条件相同,信共享的企业比没有信息共享的企业支出要低，这就使得支出低的企业有更多的收益。从而可以得出结论：参与失信控制系统的企业比没有参与失信控制系统的企业有更多的收益或更少的支出。

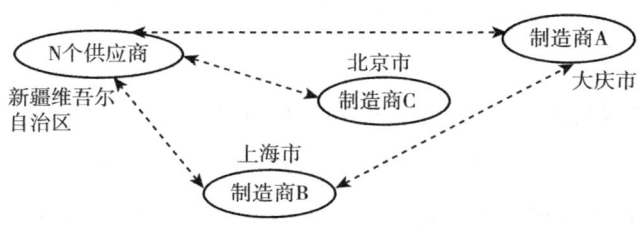

图 3-1 信息共享示意图

继续延用上例，现在我们考察供应商和制造商的关系来探讨失信控制是如何运行的。假设供应商欺骗了上海市和大庆市的任意一个企业，由于这两家企业加入了信息共享系统，供应商只能与北京市的企业继续做生意，这样的欺骗使他失去两个生意者而不是一个。如果国内该行业的所有制造商均信息共享，失信的供应商就会失去整个国内的市场；如果世界范围的全球企业在供需网环境下通过信誉机制实现信誉信息共享，失信企业将无处可逃，最终将被驱出市场。在信誉控制系统中的企业越多，欺骗收益的门槛就越高。因此，企业间信誉信息的交流，会大幅度减少企业的失信行为。

3.2.3.3 信誉系统的适用性

前文提到一旦企业表现出投机行为就会失去未来与其他企业交易的业务，使投机无利可图。实际上这个论述不能脱离环境条件而独立存在。为什么一个企业认为其他企业会进行投机，尤其是双方之间有很密切的合作关系或过去合作过？如果企业认为他自身有足够的能力来约束机会主义的影响，也不会需要信誉系统。企业有充分理由相信参与信誉系统未必有益。

第一，企业会对信息的真实性提出质疑并继续与对方交易，因为对方在从前的合作中一直表现出合作诚意。

第二，企业对交易当事人拥有极强的控制能力，并认为这种能力可以杜绝投机行为。

第三，企业与它的合作成员受长期合作关系的制约，在这种情况下，企业会认为这种关系限制了投机行为。

第四，企业会有多种保护措施（如特定资产投资、充分的控制结构等）。

第五，投机行为可以很容易被察觉和回击。

正如之前所述，当有一定程度的不确定性时信誉系统才最有效。如果一个企业与其商业伙伴有足够长的合作时间，而且在可预见的未来不认为这种关系会改变，那么他就不需要信誉系统。然而，在供需网环境下这种关系是动态的或未来有高度的不确定性，那么企业就需要额外的保护措施来控制投机行为。也就是说，如果企业不确信商业伙伴会遵守约定或在彼此关系中存在一些不确定性，那么企业就会从其他企业得到的信息中受益。

显而易见，运用信誉系统来控制机会主义，有投机倾向的企业一定相信企业间愿意互相分享信誉信息。如果这个预示是可靠的，那么不诚实的供需网成员就会冒着因机会主义行为而使收入减少的风险，其损失也会反过来抑制机会主义。

总之，在信誉系统中，有两个因素控制机会主义：一是信誉信息的共享；二是信誉信息的揭示为一个可靠的威胁。只要传递的信誉信息对参与信誉系统的企业是有价值的，即参与信誉系统的企业会比未参与这个系统的同类企业利润更大，企业参与信誉系统并提供信誉信息就是明智的。因此，在企业供需网中应建立一种信誉评价与记录机制，使成员企业能够共享交易方的信誉信息和表达及交流交往感受。

3.3　基于企业信誉机制的供需网集成效应

供需网管理实质上是关系管理的一种，只有充分认识影响供需网集成效应的内在因素,才能实现真正的高效率供需网。由于供需成员的有限理性以及成员之间不对称信息的存在,当供需网进行动态合作时,在供需网的各参与方之间便出现了对策博弈的局面。供需网集成效应是使对策博弈的结果达到"共赢",还是使各成员企业陷入"囚徒困境",主要取决于信誉机制能否充分发挥其作用,信誉机制是供需网运行的重要内在机制之一。

3.3.1 信誉机制与供需网集成效应

从交易成本经济学的角度看,供需网作为一个共同利益集合体和集成效应产生的载体,之所以单个市场主体愿意加入其中,是因为供需网的集成效应能够使单个市场主体获得靠其自身力量无法获取的自身价值的提升。交易成本的降低使供需网产生了集成效应,或者说作为市场机制的替代物,供需网将市场交易成本内部化了。供需网集成效应是指整体供需网的价值大于供需网中各独立组成部分价值的和,即"1+1>2"。供需网成员之间合作的诚意和成员方"充分合作共赢"的理念使供需网集成效应得以产生,但它是基于成员企业拥有良好的信誉之上的。下面运用博弈论构建了供需网合作博弈模型,对模型进行求解并验证,探讨在供需网管理中,信誉机制的深层次作用。

3.3.2 供需网合作博弈模型的建立

假设供需网中的各成员企业构成 n ($n \geq 2$) 个博弈方,各博弈方在合作诚意方面均进行独立的决策,博弈各方均有诚信或欺诈两种策略:

$$S_i = \begin{cases} 1 & \text{第} i \text{方选择诚信策略} \\ 0 & \text{第} i \text{方选择欺诈策略} \end{cases} \quad (i = 1, 2, \ldots, n)$$

各方的得益是参与供需网前后的相对得益:用 U_i 表示诚信合作时各方的净收益,用 b_i 表示在相互欺骗(不信任)时各方的相对利润(设 b_i 为常数，$i=1,2,\ldots,n$)，此时供需网名存实亡；同时，设当只有第 i 方采取欺骗行为通过"搭便车"时可以获得的利润为 V_i（$V_i \geq b_i$），此时第 j 方选择诚信所要付出的成本为 C_j（显然，$C_j \leq b_j$。否则，成员企业 j 必会选择欺骗或退出供需网）。同时，假设各博弈方采取的策略带来的各博弈方的损益是可知的。由此可构成供需网成员合作的博弈模型：

$$G = \{S_1, S_2, \ldots, S_n\} \tag{3.1}$$

$$U_i = Na_N \omega_{iN} \quad (i=1,2,\ldots,N) \tag{3.2}$$

$$N = \sum_{i=1}^{n} S_i \quad S_i \in \{0,1\} \tag{3.3}$$

式中：

G——供需网成员的策略空间；

N——n 个供需网成员中有 N 方选择诚信策略（$N \leq n$）；

ω_{iN}——N 方中的第 i 方对供需网集成效应的贡献率，且 $\sum_{i=1}^{N} \omega_{iN} = 1$，$0 \leq \omega_{iN} \leq 1$；

a_N——供需网的集成系数，即通过各参与方的诚信行为所产生的供需网整体价值的乘数效应。诚信参与方越多，供需网的集成度越高，所能获得的利益越大。因此：

$$b = \min\{b_i\} \leq a_1 < a_2 < a_3 < \cdots < a_n$$

通过以上博弈模型可知，可以将供需网管理转化为博弈问题进行分析，对于一次博弈而言，这是一个具有有限可选策略的由有限方组成的静态博弈。由于供需网运作具有延续性，其实质是重复上述的博弈过程，构成有限次的重复博弈。

3.3.3 博弈模型的求解

为简化上述问题的复杂性，将供需网节点上的参与方进行任意的两两组合，进行双方博弈。

首先考虑一次博弈的求解情况。假设博弈参与双方为 i 和 j，用矩阵（1）

表示其得益和策略组合。

分三种情况讨论其解：

当 $2a_2\omega_{i2} \geq V_i$，$2a_2\omega_{j2} \geq V_j$ 时，该博弈具有 2 个"纯策略纳什均衡"，对应双方的策略组合均选择诚信或欺诈策略，如矩阵（2）所示。

当 $2a_2\omega_{i2} \geq V_i$，$2a_2\omega_{j2} \leq V_j$ 或 $2a_2\omega_{i2} \leq V_i$，$2a_2\omega_{j2} \geq V_j$ 时，对应的策略组合是双方均选择欺诈策略，从而双方陷入"囚徒困境"，如矩阵（3）和矩阵（4）所示。

矩阵（1）

	$S_j = 1$	$S_j = 0$
$S_i = 1$	$2a_2\omega_{i2}, 2a_2\omega_{j2}$	$b_i - C_i, V_j$
$S_i = 0$	$V_i, b_j - C_j$	b_i, b_j

矩阵（2）

	$S_j = 1$	$S_j = 0$
$S_i = 1$	$\underline{2a_2\omega_{i2}}, \underline{2a_2\omega_{j2}}$	$b_i - C_i, V_j$
$S_i = 0$	$V_i, b_j - c_j$	$\underline{b_j}, \underline{b_j}$

矩阵（3）

	$S_j = 1$	$S_j = 0$
$S_i = 1$	$2a_2\omega_{i2}, 2a_2\omega_{j2}$	$b_i - C_i, V_j$
$S_i = 0$	$V_i, b_j - C_j$	$\underline{b_i}, \underline{b_j}$

矩阵（4）

	$S_j = 1$	$S_j = 0$
$S_i = 1$	$2a_2\omega_{i2}, 2a_2\omega_{j2}$	$b_i - C_i, V_j$
$S_i = 0$	$V_i, b_j - C_j$	$\underline{b_i}, \underline{b_j}$

其次考虑重复博弈的求解情况。重复博弈的特点是，如果参与者中的一方知道另一方作出的决策，则该参与方明智的选择是选择与对方相同的选择，避免获得最差的得益，故重复博弈的结果依赖于博弈双方上次博弈选择的策略，其结果仍为博弈双方均选择诚信或欺诈策略。现在该博弈模型中引入信誉机制，由于共享的信誉信息，欺诈行为将众所周知。假设 ξ（$0 \leq \xi \leq 1$）为参与方采取欺诈行为所形成的其未来预期收益的贬值系数，并假设 λ（$\lambda \geq 1$）为参与方采取诚信行为所形成的其未来预期收益的增值系数，得益如矩阵（5）所示。

矩阵（5）

	$S_j = 1$	$S_j = 0$
$S_i = 1$	$2\lambda a_2\omega_{i2}, 2\lambda a_2\omega_{j2}$	$\lambda(b_i - C_i), \xi V_j$
$S_i = 0$	$\xi V_i, \lambda(b_j - C_j)$	$\xi b_i, \xi b_j$

对矩阵（5），总存在一个正数 ξ^* 和 λ^*，使

$$\begin{cases} 2\lambda^* a_2\omega_{i2} > \xi^* V_i \\ 2\lambda^* a_2\omega_{j2} > \xi^* V_j \\ \lambda^*(b_i - C_i) > \xi^* b_i \\ \lambda^*(b_j - C_j) > \xi^* b_j \end{cases}$$

即

$$\frac{\xi^*}{\lambda^*} < \min\left\{\left(1 - \frac{C_i}{b_i}\right), \left(1 - \frac{C_j}{b_j}\right), \frac{2a_2\omega_{i2}}{V_i}, \frac{2a_2\omega_{j2}}{V_j}\right\} (i, j = 1, 2, \ldots, n; i \neq j)$$

因博弈方的欺诈行为造成的未来损失的现期贴现值高于假设的潜在的欺诈行为可能获得的任何财富的增加值，会形成一个新的"纯策略纳什均衡"，见矩阵（6）所示，博弈双方均采取诚实策略。

矩阵（6）

	$S_j = 1$	$S_j = 0$
$S_i = 1$	$2\lambda^* a_2\omega_{i2}, 2\lambda^* a_2\omega_{j2}$	$\lambda^*(b_i - C_i), \xi^* V_j$
$S_i = 0$	$\xi^* V_i, \lambda^*(b_j - C_j)$	$\xi^* b_i, \xi^* b_j$

通过对模型求解，在供需网合作博弈模型中各方都选择诚信的策略是效率最高的策略组合，这也集中体现了供需网集成效应的内涵要求。但成员企业偷懒、目标不一致和机会主义等因素使该博弈的结果具有极大的不确定性。通过引入信誉机制，我们找到了"子博弈完美纳什均衡"路径，使博弈双方均实现获益的最大化，也明确了一个十分有效的供需网集成管理内在运行机制。

3.3.4 信誉机制在供需网集成中的作用

在上述求解该模型的过程中,引入信誉机制才能使各博弈方获益最大的策略均衡成为唯一的纳什均衡解。

(1) 供需网管理的核心是信誉管理。企业信誉管理是一种通过信誉投资、交往等手段,在创建与维护企业信誉的基础上,建立并维持与合作伙伴以及社会公众的信任关系的管理方法。从本质上讲,供需网模式是企业间的一种新型关系,而供需网管理则是通过机制来规范新型企业关系的管理,目的是使供需网中的参与各方能共同遵守这一关系准则。只有通过重复博弈,在供需网合作博弈模型中引入信誉机制才使这种本质得以实现。同时,通过成员企业对下一轮供需网合作博弈中企业的贡献率及企业的预期收益进行的调整,对危害供需网整体利益的欺诈行为进行制裁,这正是供需网管理模式的活力所在。

(2) 信誉机制为供需网集成效应的产生创造条件。供需网的开放型多功能的供需一体化的网络结构,促进了供需网成员之间一种社会关系网络的形成。网络化的供需网有助于释放信息,并削弱信息不对称,从而有利于促使各经济主体的决策趋于理性。但是,只要重复博弈是有限次的,就无法实现帕累托最优,"囚徒困境"就会一直存在。因此,在供需网中,基于信誉机制,供需网成员之间的合作博弈是趋于重复无限次的,这就为抑制供需网内部的机会主义创造条件,使得博弈双方均能拥有一种双向的、自动控制对方的能力,博弈双方均必须考虑甚至是非常关心预期支付,如果其中一方违约,另一参与方就可以选择将违约方的不良信誉公之于世,对其进行报复。随着时间的推移,这种信誉机制有可能逐渐演变为一种内在制度,使其交易费用实现供需网内部化,这有助于建立必要的信任,从而降低供需网交易成本,进而有利于节约契约伙伴的缔约和履行成本,创造供需网集成效应产生的条件。

(3) 信誉机制是供需网管理制度的有效补充。制度是供需网中所有成员或个体共同认同并遵守的伦理的体现与价值体系，同时也是各种禁止机会主义和不可预见行为的规则总和。但供需网特殊的组织运作方式会影响供需网管理制度对成员企业产生约束的有效性，其表现为：

一是由于"制度真空"的存在，会使供需网弱化甚至丧失对成员企业的有效约束，从而导致成员企业的机会主义行动倾向；

二是由于每个成员企业所追求目标的偏差，制度的有效性遭到质疑。如果经济成员存在对制度的质疑，则很可能逃避或否认制度的约束力，成员企业就会脱离制度诱导的方向。

这两种现象对集成供需网的形成是非常不利的。在制度遭受质疑或是存在制度真空时，要为经济活动提供一个稳定有序的环境，必须找到或创造出某种具有相似功能替代物，信誉机制就是最可能的替代物之一。

（4）信誉机制能有效抑制欺诈行为。在供需网管理中，大量组织资源被用于说服成员企业去相信供需网的共赢目标，并愿意为实现这个共赢目标而作出诚信上的努力，即在各种各样的博弈者中，为供需网管理的最终目标建立一个更为理性的预期，即诚信合作将回报诚信行为。

在矩阵（2）—（4）中，由于博弈双方不能够确定其预期收益，也不能确定双方在有限次重复博弈中所无法克服的机会主义倾向，使得博弈双方均有可能无法实现最佳效率的策略均衡。在矩阵（6）中，信誉机制能够向供需网成员企业传递一种信息，即诚信行为能够产生诱人的集成效应，甚至能够产生一种默契的、微妙的暗示，即成员企业极大概率选择诚信策略，从而建立起一个"看涨"未来收益的理性预期，极大减少了未来具有不确定性的收益，同时也最大限度地抑制机会主义行为的产生，勾画出了美好的供需网远景。因此，如果博弈各方想改善其处境，甚至是合作博弈的结局，则必须建立相应的信誉机制，使供需网成员企业间复杂的交往关系与过程变得可以预见，且易于理解，从而奖励和促进成员企业的诚信行为，抑制并惩罚成员企业的机会主义行为。

3.4 企业信誉信息支持机制

企业信誉信息支持是在经济、技术、法律等措施的保障下，SDN将能反映节点企业信誉状况的相关信息提供给交易主体的动态过程，包括企业信誉信息的搜集、信誉信息的评估、信誉信息的传递和信誉信息的共享等。其根本目的是实现供需网运行环境的优化，规范节点成员的诚信行为，降低企业交易成本，保障和促进企业信誉体系的建设，最终实现SDN中各成员企业资源利益共享的总任务，实现全球共赢的总目标，从而创造出更大的全球价值。

3.4.1 企业信誉信息的类型

企业信誉信息是指在企业经营活动和交易活动中产生的，能够反映企业各种信誉状况的大量数据。企业信誉信息根据性质的不同可以分为基础信誉信息和综合信誉信息，见表3-1。

表3-1　　　　　　　　企业信誉信息的类型

基础信誉信息	基本信息	包括企业工商登记的信息和企业联系方式等
	信用信息	包括企业资产规模、企业负债率、企业偿债能力、企业盈利水平、企业履行合同情况等
	声誉信息	包括企业利益相关者对企业产品、服务、人员等的认知信息、企业履行社会责任的信息、企业受处罚记录等
综合信誉信息	主要指信誉评估机构依据企业基础信誉信息，采用量化方法得出的信誉评级报告等	

信誉的概念在管理和经济理论中以不同的方式被运用。在博弈论中，信誉对其所有者是一种战略资源。资源决定理论把信誉看成一种无形资产，它很难被对手模仿。区域经济学家把信誉作为社会经济团体信息的核

心产生器，在该团体中，社会控制机制和互惠准则巩固了信誉的有效性。信誉信息可以展示企业活动的不同层面，如财务能力、产品质量和管理，同时信誉信息还涉及对企业的风险、交易和社会名望的评价。

3.4.2 信誉信息支持机制及其实施

企业信誉信息的支持机制是信誉运作机制必不可少的保障，主要解决SDN节点企业交易时掌握和使用对方信誉信息的问题。它包含企业信誉信息的四个方面：企业信誉信息搜集机制、企业信誉信息评估机制、企业信誉信息传递机制、企业信誉信息共享机制。

3.4.2.1 企业信誉信息的搜集机制

（1）企业信誉信息的搜集标准。信息市场中存在着各种良莠不齐的信誉信息产品，所以在搜集企业信誉信息时，要遵循以下标准：

① 权威性。提供企业信誉信息的个人或组织的权威性决定了信誉信息的权威性。权威的信誉信息源对是否提供准确、客观和完整的企业信誉信息更为注重，以便保证企业的声誉和信用状况能够得到真实的反映。

② 时效性。时效性是指信息源更新信息的频率和提供信息时间的长短等，信息更新的频率为每周、每月或每年。企业信誉信息在一般情况下的有效期为1—3年。

③ 准确性。准确性是指与信誉信息相关的统计数字的准确程度，特别是财务信息的准确性。

④ 完整性。完整性是指信誉信息内容的完整性，包括正面企业信誉信息和负面企业信誉信息。信誉信息的完整性对企业信誉有效性有着至关重要的影响。因此，根据不同类型的信息源对企业各方面的信誉信息进行搜集十分重要。

⑤ 易获取性。易获取性是指对企业信誉信息以合理的成本进行简便快速地获取，主要包括企业信誉信息搜集的时间、成本以及渠道三个方面。

(2) 企业信誉信息的来源。企业信誉信息的来源根据职能属性的不同划分为政府部门、企事业单位和个人，见表 3-2。不同的企业信誉信息内容来自不同的信息源。如企业的工商登记信息应由工商局提供，企业财务报表和基本经营数据由统计局提供，企业纳税记录和税务登记信息等则由税务局提供，对外贸易的有关信息则由海关部门提供，房产抵押数据和所有权证明可由房地产管理部门提供，企业贷款记录是由银行提供，企业产品质量信息则应由技术监督部门提供。企业微观数据和行业统计资料可由行业主管部门负责提供，企业信用报告等专业化信用信息产品则可由专门的信用信息服务机构提供。

表 3-2　企业信誉信息源

政府部门	包括工商局、公安局、税务局、海关、法院、统计局、技术监督部门、中央银行、计划委员会、经济委员会、外经贸委、信息产业部等
企事业单位	包括公用事业单位、商业银行、保险公司、国家信息中心、房地产管理部门、消费者协会、利益相关企业（供应商、生产商、零售商、竞争者等）、新闻媒体（包括信息网站）、信用信息服务机构及其他专业化信息服务公司等
个人	企业员工、消费者（顾客）、投资者、社会公众

3.4.2.2　企业信誉信息的评估机制

企业信誉信息评估作为企业可信程度的依据，是采用科学的评估方法和规范的评估程序，由公正、独立的第三方机构对企业信誉作出的综合评价。在供需网中，基于第三方集成化供需信息管理平台，遵循科学的评估原则、评估方法和评估程序，运用信誉市场中部分内部信息和全部的公开信息，对信誉信息产品进行加工并出售，为供需网参与方提供服务。其评估原则、指标、等级、方法等见后面章节。

3.4.2.3　企业信誉信息的传递机制

信誉信息传递是指通过一定媒介使信誉信息从时间或空间的一点向另一点移动的行为。供需网中的经济活动具有时空分离的特点，需要现代信息电子化技术为信誉信息的搜集和传递提供技术支持。

（1）企业信誉信息传递的理论基础。在是否守约的问题上，双方经济主体存在着囚徒困境博弈。假定 A 企业和 B 企业签订了一项合同，双方的策略和收益见表 3-3。

表 3-3　　　　　　　　博弈双方的策略和收益　　　　　　　　单位：万元

		B	
		守约	违约
A	守约	30，30	-30，60
	违约	60，-30	0，0

在信誉信息不对称的情况下，对这个博弈进行分析。A、B 双方都不相互了解对方的守信情况，通过计算可知，该纳什博弈存在一个均衡解（违约、违约）。由于双方不了解对方的守约能力与信用历史信息，导致整个交易陷入"囚徒困境"而无法完成。该结果对整个供需网来说，未达到预期收益，造成了 60 万元的交易损失。

在信息经济学理论中，不对称信息造成了逆向选择，从而帕累托最优的交易不能实现。但是，交易中的帕累托改进可以通过有信息的一方将拥有的信息传递给没有的一方或者没有信息的一方使有信息的一方显示信息得到实现，即交易双方通过信号传递减少不对称的信息，从而促进参与双方在交易过程中收益最大化的实现。在上述博弈中，如果甲乙双方能都掌握对方的交易历史和信用状况，或者通过 SDN 的信誉评价系统，他们获取了对方的守信能力和守信历史信息，那么这个交易获得成功的可能性将更大。理想的状况则是：博弈双方都能明确掌握对方从未违约过的信用信息，实现博弈的双赢，此时甲乙双方各自获得 30 万元的收益。

不对称的企业信誉信息的博弈表明：企业信誉信息的传递对交易的完成来说至关重要。

（2）企业信誉信息的传递模式。在供需网信用环境的维护方面，良好的企业信誉观念的培育和企业信用文化的培养来说，有效的信誉信息传递模式的实行，具有促进作用。在企业信誉信息的传递模式中（见图 3-2），

①代表 A 企业的信誉信息流。②代表 B 企业的信誉信息流。信誉信息的传递模式有两种：一是直接传递模式，即交易双方中有一方主动将信誉信息传递给另一方；二是第三方传递模式，即借助独立的第三方，交易一方以某种方法，将相关的信誉信息传递给另一方企业。

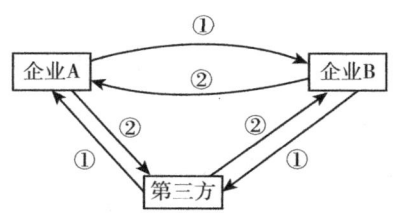

图 3-2　企业信誉信息传递模式

① 直接传递模式。一个企业可以主动提供信息给另一个企业，它具有信息传递直接、稳定性不足的特点，适用于在企业信誉信息传递方面相对不完善的初期信誉市场。

当双方互相信任对方传递的信誉信息时，如果是一次性的交易行为，在上述博弈模型中，双方都会选择违约的策略。所以，这种传递模式不能促进帕累托改进的有效实现。

② 第三方传递模式。企业信誉信息的第三方传递模式是指信息信号的传递、交易主体信誉信息的搜集和评估，均由独立的第三方来完成，从而使交易主体的信用能力和历史记录能够更加公正客观的予以揭示。第三方模式比较有效地解决了在直接传递模式中的问题，有利于传递企业主体间的信誉信息。其主要表现为：

第一，在第三方的利益不受交易主体的信誉状况影响时，其传递客观可信的信誉信息，可以保证信誉信号在交易双方间的有效传递。

第二，虽然 A、B 企业之间可能只进行了一次交易，但在整个供需环境中，他们与别的企业仍需要继续交易，由于第三方是企业间信誉信息的公共传递者，使每次单一的博弈延伸为无数次重复博弈中的一次企业信誉信息共享实现了企业信用交易的经济和时间成本的降低。利用互联网等现代信息技术，而在每一次交易中双方都会积极的守信，以保证长期利益的获取。

第三方传递模式是比较完善的传递模式。信誉信息在供需网环境下的传递应采用第三方传递模式。

3.4.2.4 企业信誉信息的共享机制

信誉信息的共享是搜集、评价、传递信誉信息的起点和归宿,同时也是发挥信誉机制作用的重要前提。

(1) 企业信誉信息共享的现实意义。企业信誉信息共享促进了整个供需网信用行为的规范和信用规模的扩张,它解决的是企业在信誉交易过程中存在不对称信息的问题。

其具体表现为:

① 企业信誉信息共享实现了企业信用交易的经济和时间成本的降低。利用互联网等现代信息技术,对企业的信用信息进行收集、汇总、分析,为信用信息产品的提供便捷,有利于企业相关业务授信和活动成本的降低。据统计,在美国各商业银行发放贷款时,其购买信用报告的成本一般仅为 0.5 美元左右。另外,由于广泛采用在线服务方式,大大缩短了企业获得信用报告的时间。

② 企业信誉信息共享促进了资源优化配置,使信誉良好的企业能够不断获得资源集中。在充分共享信誉信息的情况下,企业能够对交易另一方的信誉状况有更加全面准确地了解,减少并避免由于缺乏信息或依靠企业的主观判断而导致的决策错误。如银行将给予信誉状况良好的企业更优惠的利率,使银行贷款持续不断地流向拥有良好的信誉状况的企业,促进其发展。

③ 信誉信息共享能够约束失信企业。通过信息共享,授信主体能够了解相关企业是否存在过违约行为和其他不良信用记录等负面信息,可以防范可能的信誉风险,授信主体通过向企业提出更严苛的条件,形成一种对失信企业的约束和惩罚机制。

(2) 企业信誉信息的共享模式。规范的信誉信息共享机制是为全社会提供信誉服务，促使信誉服务机构公平合理地采集、处理和使用信誉信息的基本保障。信誉信息可以分为正面信息和负面信息两个部分，由于不同国家国情不同，各国对共享信息的类型、范围和内容都有不同的规定。如在西班牙，信用信息局不能使用正面信息；在澳大利亚，信用索引公司只能共享负面数据；在美国、智利和加拿大等国家，则同时允许正面数据的共享及负面数据的共享。

企业信誉信息有三种共享模式：

① 市场模式。该模式的实施主体是信誉服务公司，目的是实现公司的赢利，要求在政府指导下实行市场化运作。政府制定企业信誉信息的相关法律法规，要求和监督社会有关部门以义务或商业化形式向社会提供开放的信誉数据，使信誉公司有获取信誉数据的权利并保障信誉公司的其他合法权益。美国、澳大利亚等国家都采用这种模式。

② 银行模式。该模式是由以中央银行为主的金融机构来提供相关信用信息。由中央银行向信誉信息局依法提供相应信用信息，同时承担主要的监管职能，制定对企业信用信息收集、使用的管理办法。德国、法国等大部分欧洲国家采取这种模式。

③ 政府模式。该模式是基于国家各个部门，实施信誉信息系统相互连接，目标是实现国家各个部门之间的信誉信息共享。共享系统包括工商登记信誉管理系统、银行的企业信贷登记咨询系统及公安、税务、司法、海关、质检、证监等的信誉信息系统。

从长期来看，在获取企业信誉信息时，市场模式具有相对较高的效率，共享的质量较好，有利于实现对信誉信息的细化。但受规模效应的影响，通常需要更长的时间才能建立并完善这种市场化的共享模式。银行模式主要涉及共享信用信息。政府模式将分散在各部门中的企业信誉信息进行充分的整合和利用，能在较短时间内、以较低成本有效共享信誉信息。针对我国的国情，我国在起步阶段应以政府模式为主，逐步向市场模式发展。

4 基于第三方集成化供需信息管理平台的企业信誉评价

4.1 引 言

准确有效地对 SDN 中各企业节点进行信誉评价,可以有效控制合作和交易过程中的机会主义行为。企业交易与合作中的投机行为在信息不对称的条件下如果不被其他企业所知,在利益的驱使下,这个企业会继续实行投机行为,给更多企业的利益造成损害。但在第三方集成化供需信息管理平台(3PSDI)环境下,基于企业信誉评价机制,记录各企业节点的每次交易与合作的结果,通过信息共享,各节点的任何一次机会主义行为都将直接影响企业信誉,这样就将两两节点之间的一次性博弈,变为 3PSDI 平台上的重复博弈。信誉不良的企业不仅失去了与受害节点的交易,而且受到供需网中其他节点的排斥。该代价是每个企业都不愿且无法承受的,因此基于 3PSDI 环境下,可促使供需网企业时刻注意和避免自身发生机会主义的行为。本章将重点探讨基于 3PSDI 的企业信誉评价指标体系及评价方法。

4.1.1 3PSDI 的功能

第三方集成化供需信息管理平台(3PSDI)是以 Internet 作为网络通讯的媒介,由第三方企业经营和维护的信息管理平台,负责对全球多种类型信息的采集、管理、检索甚至挖掘的工作,在全球范围内实现信息共享,

4 基于第三方集成化供需信息管理平台的企业信誉评价

以便促进多功能供需资源在 SDN 中的畅通传递，满足各类企业节点的供需要求，实现全球增值。

3PSDI 主要由核心信息服务层和应用信息服务层构成。核心信息服务层是 3PSDI 的核心功能模块，是支配在 SDN 中各类供需资源畅通流动的基本业务，主要包括物流供需信息、人才流供需信息、资金流供需信息、技术流供需信息、信息流供需信息、用户管理服务、企业信息查询以及管理流供需信息等管理功能。应用信息服务层的主要功能包括交易信息管理、联机数据分析、客户关系在线管理、事务协作应用服务，为企业生产经营提供辅助管理功能。它们作为 3PSDI 的应用服务模块，在 3PSDI 中起着应用和支持的作用。3PSDI 的功能模块见图 4-1。

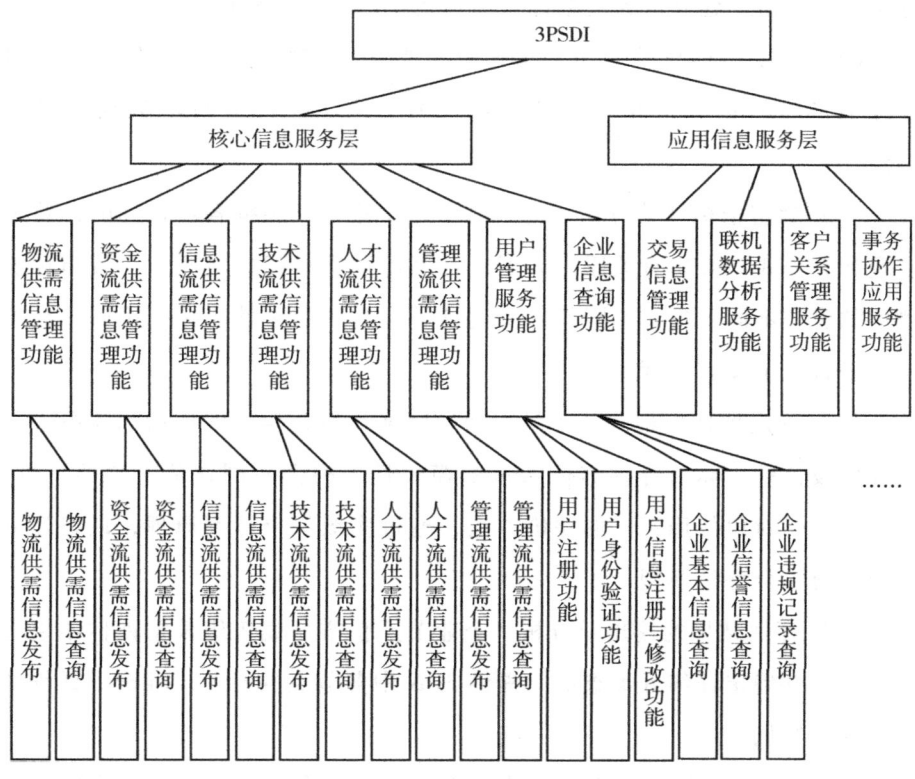

图 4-1 3PSDI 功能模块示意图

在 3PSDI 中企业信誉评价与查询模块位于企业信息查询功能模块中。

信誉评价工作可以由经营和维护3PSDI的企业完成，也可以由其指定的第三方企业信誉评估企业执行。

4.1.2 企业信誉评价思路

基于3PSDI的企业信誉评价主要包括信誉评价指标体系的建立、指标权重的确定、各指标的评估分值的确定、综合评估、评估结果的输出。

（1）建立评价指标体系。评价的基准就是指标体系，要作出正确的企业信誉评价，就要采用科学、统一的指标体系，同时，计算结果要具有可比性，这样才能有效支持正确决策。本书按照人类认识和解决复杂问题的分层递阶方法，建立从大类指标到单项指标的评估指标体系。

（2）确定指标权重。确定指标权重是指确定指标体系中各级指标对于评估目标的相对重要性程度系数。本书采用层次分析法为权重确定方法。

（3）确定指标评估分值。对于底层定量指标，根据各项指标的计算方法及计算公式，收集有关原始数据，计算得到底层指标实测值。按指标实测值的类型不同，进行不同的价值化计算。对底层定性指标，按同一标准确定语言变量及其标度值。

（4）确定评估模型。基于供需网的网络环境、信誉评价指标体系的层次性以及评估主体对评估客体认识的模糊性，根据不同评估对象的特性，对不同评估对象使用不同的评价方法，通过多级综合评判原理，最终建立企业信誉综合评估模型。

（5）评估结果的输出及分析。企业节点信誉所属等级根据评估结果进行确定，并确定详细分类查询，提供SDN中各节点的专业、准确、详细的信誉评价数据。

3PSDI中企业信誉评价方法的实施需要成立专门的信誉评估小组或委托第三方信誉评估机构。作为实施信誉评估具体操作者的信誉评估小组，应具备三个条件：第一，评估组织者应具备一定的理论知识和实践经验，专门从事过评估研究或市场分析,具有丰富的经验和较强的企业管理和市场分析能力。第二,评估成员具有合理的学科和专业结构,包括资信评估和市场分析人员、计算机编程和数据库维护人员、信誉数据的实地验证和调研人员等。第三,依据供需网成员的地理分布范围,在有代表性的地区设立相关分支小组。

4.2 企业信誉评价指标体系的构建

企业信誉评价指标体系是由反映企业信誉各个侧面的一系列相关因素构成的,按照系统论方法构建的为实现评价目的要素集合。企业信誉评价的载体是评价指标,评价指标同时也是企业信誉的外在表现。指标体系除了应能准确地反映评价对象的特点之外,还要遵循以下基本原则:一是全面性,即能够全面地反映企业的整体信誉状况;二是独立性,即各个指标之间独立或不相关;三是简约性,即指标具有代表性,尽量减少底层指标数量,降低处理数据的难度。

本书基于上述原则,从信誉概念的本质内涵出发,结合3PSDI在线环境和供需网节点企业类型众多、规模不一的特点,在学习和借鉴现有信用、声誉和信誉评价方法的基础上,提出基于3PSDI的信誉评价指标由3个大类指标和40个单项指标组成,见图4-2。三个大类指标为信用能力、信用行为(在线信誉)和声誉,从而实现在3PSDI中多方面、多角度、持续地展现企业信誉状况。

4.2.1 企业信用能力指标

企业信用能力可以通过对一些财务比率的分析得到其评价。企业信用能力指标主要包括:偿债能力指标、营运能力指标、盈利能力指标和发展能力指标。

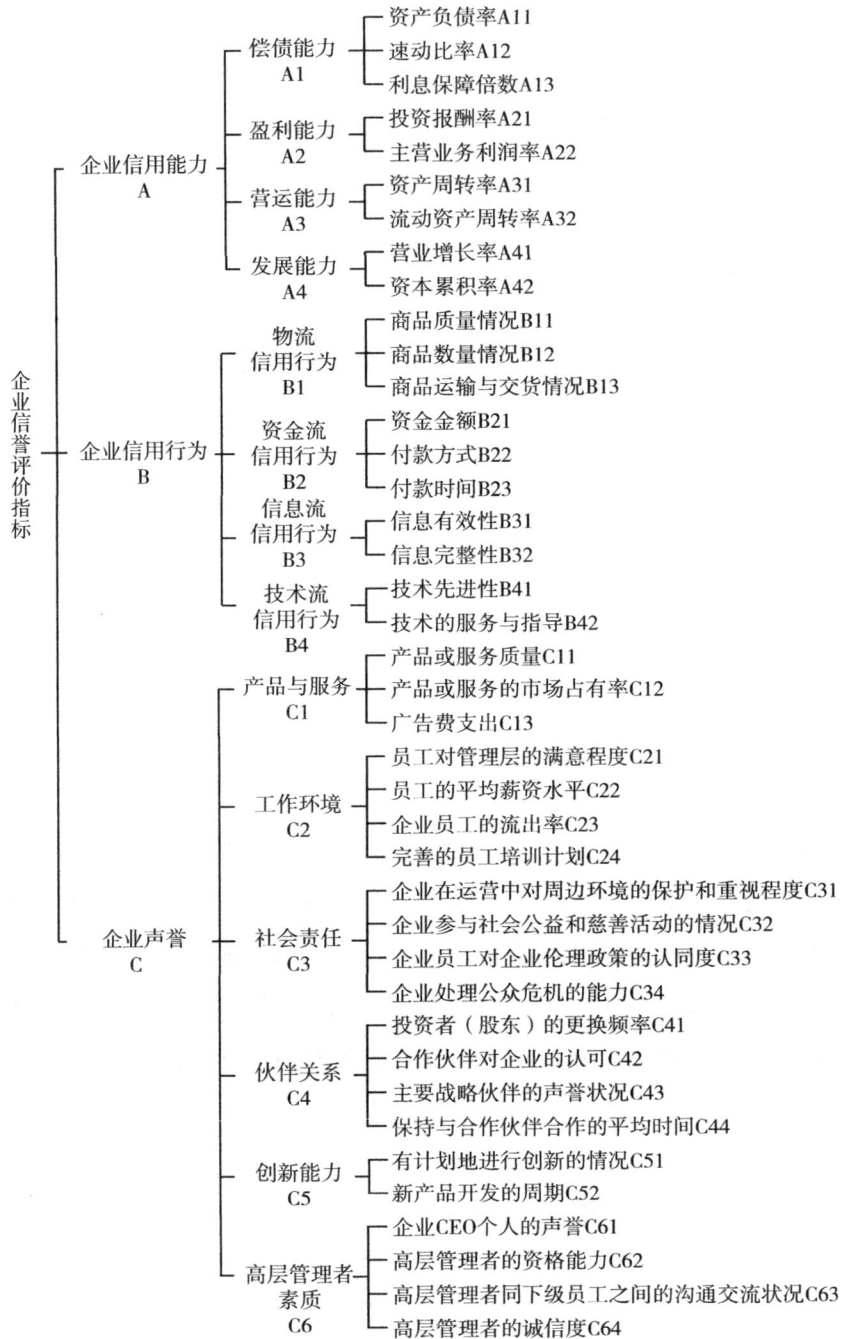

图 4-2　基于第三方供需管理信息平台的企业信誉评价指标体系

4.2.1.1 偿债能力指标

企业偿债能力是对到期债务的偿还能力，偿债能力指标是对企业信用能力进行评价的核心。企业偿债能力从时间上可以划分为短期偿债能力和长期偿债能力。通常，与企业进行合作或交易的利益相关者关注的都是其短期偿债能力。偿债能力的评价指标有三个，即资产负债率、速动比率和利息保障倍数，其含义如下：

（1）资产负债率。资产负债率是指企业在一定时期内负债总额与资产总额的比率，它是国际公认的一项衡量企业经营风险和偿还负债能力的指标，它反映企业的资本结构。如果资产负债率过高，说明企业的负债在总资产中占比较大，此时企业的主要风险由债权人承担，从而降低了投资安全系数，也就意味着企业有更差的信用能力。其公式为：

$$RLA = \frac{L}{A} \tag{4.1}$$

式中，RLA——资产负债率；

L——总负债；

A——总资产。

（2）速动比率。速动比率是企业在一定时期内的速动资产与流动负债之比。速动比率衡量企业的短期偿还能力，可以对企业流动资产变现能力的强弱进行评价。速动比率越高，企业偿还流动负债的能力越强，企业信用能力越强。其公式为：

$$NRC = \frac{NCA}{CL} \tag{4.2}$$

式中，NRC——速动比率；

NCA——速动资产；

CL——流动负债。

其中，速动资产 = 流动资产 − 存货 − 待摊费用 − 预付账款。

（3）利息保障倍数。利息保障倍数是一定时期内企业税前利润同利息支出的比值，它反映了企业对债务利息进行偿付的能力。它是利用企业的经营收益与企业所需支付债务利息之间的倍数，来考察企业长期偿债能力的指标。利息保障倍数越高，债务偿还越有保证，企业偿付债务利息的风险越小，信用能力越强。其公式为：

$$MI = \frac{P+I}{I} \tag{4.3}$$

式中，MI——利息保障倍数；

P——利润；

I——利息费用。

4.2.1.2 盈利能力指标

获利是每个企业的重要目标，而反映企业获利能力的指标是盈利能力指标，它是一个保障企业偿债能力的重要指标。如果企业长期亏损，不但不能偿还企业到期债务，甚至会给投资者的投资造成损失。故企业盈利能力是一个评价企业信用能力的重要指标。盈利能力指标包括投资报酬率和主营业务利润率两项，其含义如下：

（1）投资报酬率。投资报酬率是指企业在一定时期内净利润与所有者权益之比。企业的投资报酬率越高，获取自有资本收益的能力越强，从而对投资人和债权人的资金保证程度就越高，信用能力越强。投资报酬率不受行业限制，具有很强的通用性而且适应范围极广。其公式为：

$$RPC = \frac{P}{E} \tag{4.4}$$

式中，RPC——投资报酬率；

P——利润；

E——平均净资产。

其中，平均净资产 =（年初净资产 + 年末净资产）/2

（2）主营业务利润率。主营业务利润率是指一段时间内，企业主营业务的利润同主营业务收入净额之比。企业主营业务利润率越高，说明企业生产的商品越合理，企业实行的营销策略越适当，生产商品的附加值越大，企业主营业务具有越强的市场竞争力，同时企业拥有越高的盈利水平，发展越具潜力，信用能力越强。其公式为：

$$RPS = \frac{P}{S} \tag{4.5}$$

式中，RPS——主营业务利润率；

P——主营业务利润；

S——主营业务收入净额。

4.2.1.3 营运能力指标

营运能力指标用于反映企业的资源运用能力和资产管理水平，包括总资产和流动资产周转率。

（1）资产周转率。资产周转率是指一段时间中，企业营业收入同总资产平均余额之比。用于显示从投入到产出的全部资产的流转速度，显示出企业对总资产的利用效率和管理质量。指标越大，说明资产周转速度越快，对资产的利用效率越高，销售能力越大，信用能力也越强。其公式为：

$$RAV = \frac{S}{AA} \tag{4.6}$$

式中，RAV——总资产周转率；

S——营业收入；

AA——总资产平均余额。

（2）流动资产周转率。流动资产周转率是指一段时间中，营业收入同流动资产平均余额之比。指标越大，流动资产的周转越快，同时也相当于增加流动资产投入，提高盈利能力，其信用能力也越强。其公式为：

$$RCAV = \frac{S}{ACA} \tag{4.7}$$

式中，$RCVA$——流动资产周转率；

S——营业收入；

ACA——流动资产平均余额。

4.2.1.4 发展能力指标

企业发展能力的考察，重点在发展可持续性的考察和企业成长性的考察。可持续发展是在企业成长的基础上考虑的。没有企业的发展,也就没有企业的明天,更不用考虑企业信誉。对可持续发展和企业成长性的考察,从两个方面进行:

(1) 营业增长率。营业增长率是指本年营业增长额同上年营业额之比,是对企业发展能力和成长状况进行评价的一项重要指标,是测量市场占有能力、衡量经营状况、预测经营业务发展趋势的标志,也是存量资本扩张的前提条件。其公式为:

$$RIS = \frac{\Delta S}{LS} \qquad (4.8)$$

式中,RLS——营业增长率;

ΔS——本年营业增长额;

LS——上年销售额。

(2) 资本累积率。资本累积率是指企业所有者本年权益的增长额与年初的所有者权益之比。资本积累率越高,企业积累的资本越多,保全性越强,应付风险能力越大,实现企业持续发展的能力越大。如果企业的资本积累率为负值,说明企业资本受到侵蚀,企业所有者权益受到损害,应当给予充分的重视。其公式为:

$$RIE = \frac{\Delta E}{LE} \qquad (4.9)$$

式中,RIE——资本累积率;

ΔE——本年所有者权益增长额;

LE——年初所有者权益。

应用以上指标对企业信用能力进行评价,避免了各指标可能存在的重复,同时考虑了指标的可操作性,兼顾了指标反映范围,简单、有效、适用的企业信用能力指标对 SDN 企业进行信誉评价十分重要。

4.2.2　企业信用行为指标

简单地说,企业信用行为就是企业在经营运行以及企业间的交易过程中表现出的诚实守信的行动，是供需网企业最关心的指标之一，其在3PSDI中主要反映在企业履行契约或承诺的情况。与供需网企业所具有的"多功能性"的特点相结合，本书主要介绍四种企业信用行为。

4.2.2.1 物流信用行为

物流一般是指在空间和时间上商品的位移，在SDN中，它是一种最基本的供需质。企业整个生存发展的过程都离不开物流。例如，对SDN中供方节点购买的原材料进行加工生产形成零部件，将设置为加工后的产品，经过不同的渠道输送给其下游的各需方节点进行多层次组装，最后形成最终产品输送给最终用户，从而形成了物流过程。在物流过程中，节点企业的履约表现可以客观地反映节点企业的物流信用行为。

企业物流信用行为的评价在SDN中包括商品质量、数量、运输、交货情况等。

（1）商品质量情况。商品质量是指商品是否有瑕疵，其不同于产品与服务质量。承诺是产品质量重要的参考因素，即产品质量与承诺是否相符；社会上平均的商品质量是商品质量的重要参考，即该企业的产品和其他企业的同类产品比较是否与社会道德相一致。

（2）商品数量情况。商品数量是指商品在承诺中与约定的数量是否相符的相关情况。通过商品数量情况，企业的物流信用得以反映，对于没有说明缺货原因及给出补偿方案，或供方节点刻意地减少商品数量的，可以称为违约行为，对企业的物流信用产生极大的影响。

（3）商品运输与交货情况。商品运输与交货情况主要由是否按时交货等情况进行反映。需要指出，在供需网中的很多情况下，商品是由第三方企业进行运输，但是对商品运输情况进行的评价也反映了供方节点的信用行为。这是因为第三方物流企业的产品运输是按照与产品供方节点签订的契约进行的，在对物流企业承担商品运输服务进行选择时，供方节点有责任选择一个运输质量高、企业信誉好的物流企业。

4.2.2.2 资金流信用行为

资金流是指商品在供需双方节点转移时的所有权价值的转移过程,是 SDN 中最基本的供需质之一。除了企业节点伴随各种流而产生的资金的流动,评价 SDN 中企业资金信用行为的客体,还包括银行贷款和各种借款,但不包括企业内部的资金流。

在 3PSDI 中,资金信用的评价行为包括三个方面:资金金额、付款方式和付款时间。

第一,资金金额。资金金额考察的主要是企业是否给付约定的资金数额。

第二,付款方式。付款方式包括分期付款和一次性付款;银行转账、支票或是现金。主要考察是否遵循约定的付款方式,是否让需方节点满意。

第三,付款时间。付款时间考察了节点企业付款是否存在延期、拖欠等情况。

4.2.2.3 信息流信用行为

信息是各种事物在客观世界中变化和特征的最新反映。作为 SDN 中最普遍、范围最广的资源,信息流是指供需网信息通过计算机网络进行传输的运动过程。市场消费者的消费偏好、供需情况、企业的产品情况都是信息。对企业信息流信用行为的评价主要分为信息有效性以及信息完整性。

第一,信息有效性。信息有效性是信息需方节点对其信息满意程度的一个重要指标,它主要指信息是否客观准确地反映了现实中的情况。

第二,信息完整性。信息完整性是指信息能否全面综合地反映现实情况。

4.2.2.4 技术流信用行为

技术流是指技术能力的流动过程,涵盖并超越了技术转移、技术创新、技术转让、技术扩散等含义。技术的创新与改进,是企业自己组织研发或是从其他节点引进。评价供方节点技术流信用的行为主要体现在技术先进性以及技术的服务与指导两个方面。

第一，技术先进性。其主要是指"高新技术含量"。技术越先进、技术含量越高。这里评价的目标不是其处于世界领先水平的程度，而是是否达到其约定的技术先进水平。

第二，技术的服务与指导。正确认识、接受、消化、运用从转移方得到的技术对于受方节点而言，是将别人的技术转化为自己技术的过程。技术的服务与指导是技术需方节点对技术满意程度的一个重要评价指标，主要指技术供应方是否按合约规定提供了到位的售后服务和指导。

4.2.3　企业声誉指标

企业信誉包括信用和声誉。声誉是指企业在利益相关者中的赞美度和知名度。在3PSDI中，声誉越好的企业，投机行为发生的可能性越小，越容易博得其他节点的信任。但如何评价企业声誉是一个难点问题，因为影响企业声誉的因素很多，而且企业的各类利益相关者对企业有不同的评价标准。为了实现声誉评价的可操作性，本书在现有研究的基础上，将3PSDI的企业声誉指标分为产品与服务、工作环境、社会责任、伙伴关系、创新能力、高层管理者素质6个大类指标和21个底层指标。

4.2.3.1　产品与服务

一般情况下，企业创造价值的主要手段是为利益相关者提供的产品或服务，是企业同利益相关者之间相互作用的桥梁。企业产品与服务质量的好坏会对企业的形象和声誉产生很大的影响。与产品或服务有关的指标主要有三个：第一，产品或服务的质量情况。该指标是建立企业良好声誉的核心因素。不同于上节中企业物流信用行为评价中的产品或服务质量。物流信用行为中的产品质量评价标准是承诺中的约定，企业声誉中的产品质量评价标准是用户将其与同类产品或服务比较后的感觉。企业声誉中产品或服务质量是由社会广大用户来评价。第二，产品或服务的市场占有率。它间接反映了企业在行业中的地位和其提供的产品或服务受欢迎的程度。第三，广告费支出。利用该指标间接反映了公众对企业名称和企业产品或服务的认知度。

4.2.3.2 工作环境

作为激励员工的基础，工作环境包括物质环境和人际环境。作为企业最重要的一项资源，员工拥有良好的工作环境和工作关系，才能产生归属感，并保持工作的积极性。同时，优美的工作环境有助于企业吸引高素质的员工，树立企业的良好形象，提高企业声誉。工作环境指标的主要衡量指标有以下四个：

第一，员工对于管理层的满意程度。如果员工产生对企业的不满情绪，那么员工就会失去对工作的热情；对企业的信心，进而可能促使员工形成影响企业声誉的言行。

第二，员工的平均薪资水平。企业内部员工的平均薪资从某种程度上体现了企业对员工的态度，比其他同行业企业高的平均薪资更能够促进公众中的良好企业声誉的树立。

第三，企业员工的流出率。拥有较低而稳定的员工流动率有助于防止企业流失优秀员工，也表明企业拥有良好的工作环境。

第四，完善的员工培训计划。员工在激烈的竞争环境下，时刻注重自身素质和能力的提高，完善员工培训计划使员工提高对企业的忠诚度。

4.2.3.3 社会责任

企业的社会责任，可以定义为"企业超越组织为自身经济与技术利益需要所负担的必需社会活动以外对社会所做的贡献"。根据一项《经济观察报》的调查显示，87%的CEO认为，企业在社会责任方面的主动行为会对企业声誉产生较大影响。企业社会责任层面包括以下指标：

第一，企业在运营中对周边环境的保护和重视程度。如在企业的经营过程中，对自然环境是否产生污染、对自然环境产生污染程度以及其企业是否具有完善的保护自然环境的政策。

第二，企业参与社会公益和慈善活动的情况。企业关注社会公益和慈善活动的程度，将会充分表现在企业的声誉中。

第三，企业员工对企业伦理政策的认同度。企业制定有效的伦理政策，有助于提高企业声誉，但只具有伦理政策是不够的，企业还应当考虑员工对这些政策的认同度。

第四，企业处理公众危机的能力。企业对危机的处理直接向公众传达了企业具有的社会责任感。

4.2.3.4 伙伴关系

良好的企业声誉对吸引合作伙伴有着巨大的作用；反之，良好的伙伴关系亦能提升和强化企业声誉。伙伴关系可通过以下四个指标得到反映：

第一，投资者（股东）的更换频率。如果一个企业对主要投资者（股东）的更换较为频繁，会给潜在投资者带来一种企业"不可靠"的感觉，就会影响该企业的声誉。

第二，合作伙伴对企业的认可。合作伙伴是企业的主要利益相关群体之一。如果某企业能得到合作伙伴的好评和信任，企业将会吸引更多的潜在合作者。

第三，主要战略伙伴的声誉状况。如果一个企业与其他具有良好声誉的企业结成了战略伙伴，可以在消费者的心目中迅速建立该企业产品或服务的良好印象，可以强化和提升该企业的声誉。

第四，保持与合作伙伴合作的平均时间。企业之间长期的合作关系会给人们带来企业追求良好发展和长期利益的印象，因此与合作伙伴保持合作的时间长短是一个会影响企业声誉的指标。

4.2.3.5 创新能力

福布斯（Forbes）杂志、沃顿（Wharton）商学院和安永（Ernst 和

Young）公司的一项联合调查报告表明，企业持续经营中最重要的动力是企业的创新能力。故当考虑企业声誉的影响因素时，也应当考虑企业的创新能力。企业的创新能力包括两个指标：

第一，有计划地进行创新的情况。如果企业具有可行的、完善的创新计划，则说明该企业注重长期发展利益，具有良好的愿景。

第二，新产品开发的周期。新产品的开发周期长短体现了企业的研发能力以及对新产品开发的重视程度。

4.2.3.6 高层管理者素质

企业的高层管理者承担着企业的战略规划、文化建设等重任，从这个意义来说，高层管理者对企业的声誉有着特别的作用。以下四个指标与企业高层管理者的素质有关：

（1）企业 CEO 个人的声誉。CEO 是整个企业的核心管理者，对于整个企业的声誉而言，CEO 的个人声誉起到很大的作用，如通用电器（GE）的 CEO 杰克·维尔奇（Jack Welch）的个人声誉对提升企业的声誉起到了极大的推动作用。

（2）高层管理者的资格能力。高层管理者具有较高的能力水平（如资格认证、学历水平、经验等），让利益相关者相信他们有能力管理好整个企业，从而获得利益相关者对企业声誉的更高评价。

（3）高层管理者同下级员工之间的沟通交流状况。上下级之间良好的沟通对信息在企业内的快速传递以及企业管理效率的提高有积极的作用，从而给人们带来一种高效的印象。

（4）高层管理者的诚信度。高层管理者的诚信度是企业诚信的前提，它会极大地影响利益相关者对企业的信任度的整体印象。

企业在以上六个方面，经过与企业员工、广大消费者、企业合作伙伴等利益相关者的互动以及一定阶段的心理沉淀，形成了企业声誉。在 3PSDI 中，如果企业具有良好的声誉，会产生对其合作机会的积极影响；反之，如果企业具有较差的声誉，则会对合作机会产生消极影响。

4.3 企业信誉评价指标权重的确定

4.3.1 指标权重确定方法的选择

指标权重的构成是否合理，直接影响评估的科学性。采用科学、合理的方法分配权重是量化评估的关键环节之一。确定权重的方法有很多，大致可分为两类：一类是主观赋权法，如层次分析法、德尔菲法、古林法、相对比较法等，多是基于若干专家对相关指标重要性的群体评价来确定；另一类是客观赋权法，如因子分析法、熵值法、粗糙集法、相关系数法等，即根据各指标间的相关关系或各项指标值的变异程度来确定权数。这两类方法各有利弊，主观赋权法因受到专家经验和个人价值观的影响，不同的人可能会给出迥异的结果，从而影响了评价结果的可信度。客观赋权法避免了人为因素和主观因素的影响，但赋权结果可能不能客观地体现指标在系统评估中的实际地位，而主观赋权法则能很好地弥补这一不足，并能发挥各指标在实际系统中的激励和导向作用。尤其是基于粗糙集理论的权重确定方法，只能处理离散数据，必须将原始的比较准确的连续性数据进行离散化后才能处理，这势必会影响数据的精度，人为地增加了误差，该方法实际上更适合处理定性指标体系的权重确定。

在3PSDI中，企业信誉的评价涉及大量企业，企业数量在不断变化，而且随着供需交易的完成，其信用行为指标的得分在不断地变化。同时，企业信誉分值不会受到其他企业信誉分值的影响，对企业信誉的评价不是相对评价，而是各自企业的相对独立的评价。因此，客观赋权法不适用于供需网中的企业信誉评价指标权重的确定。为了优化地实现评价目标，应该选择适用和有效的权重确定方法，本书采取层次分析法确定企业信誉指标体系的权重。

层次分析法（AHP）是美国匹兹堡大学教授 T. L. Satty 于 20 世纪 70

年代初提出的一种定量与定性相结合的系统分析方法。它把复杂问题的各种因素通过划分为相互联系的有序层次使之条理化,根据专家对客观现实的判断,就每一层次中各因素的相对重要性给予定量表示,然后利用数学方法确定每一层次的各个因素的权重。该方法将定性问题定量化,将思维过程数学化。但层次分析法可能遇到的两个棘手问题是判断矩阵的一致性问题和专家意见的有效综合问题。下面通过层次分析法的基本原理、判断矩阵的一致性调整和专家群体评价权重的筛选与综合说明信誉评价指标权重的确定过程。

4.3.2 基于 AHP 的多专家信誉评价指标权重的确定

利用层次分析法,一位专家对 n 个指标进行评价则可得出一个由 n 个元素组成的权重向量;m 个专家对 n 个指标进行评价则得出 m 个 n 维权重向量。若请 5 个专家对描述"工作环境"指标的 4 个子指标进行重要性判断,然后分别按 4.3.1 的步骤计算,并通过了一致性检验后,则会得到 5 组权重意见,设其组成的矩阵为

$$\begin{bmatrix} W_{11} & W_{12} & W_{13} & W_{14} \\ W_{21} & W_{22} & W_{23} & W_{24} \\ W_{31} & W_{32} & W_{33} & W_{34} \\ W_{41} & W_{42} & W_{43} & W_{44} \\ W_{51} & W_{52} & W_{53} & W_{54} \end{bmatrix} = \begin{bmatrix} 0.128 & 0.137 & 0.367 & 0.368 \\ 0.301 & 0.380 & 0.142 & 0.177 \\ 0.300 & 0.320 & 0.182 & 0.198 \\ 0.312 & 0.300 & 0.147 & 0.241 \\ 0.315 & 0.310 & 0.141 & 0.234 \end{bmatrix} \quad (4.10)$$

在现实工作中,各专家给出不一样的指标权重。如矩阵(4.10)中,第 1 行对应的第 1 位专家给出的指标权重明显与其他多数专家不一致,若按现有的评价方法求各专家权重的平均值,必然会对评价指标权重的合理性产生影响。本书应用相似系数分析方法,鉴别出偏离其他专家意见最"远"的权重并将其排除,对专家群体的决策评价结果进行修正,使结果符合数学中的多数原则。

（1）计算权重间的相似程度。为了对矩阵（4.10）中各专家权重的离散程度进行判断，计算出各权重间的相似系数并得出相似系数矩阵。相似系数 R_{ij} 和相似矩阵 R 为

$$R_{ij} = 1 - \sqrt{\frac{1}{n}\sum_{k=1}^{n}(W_{ik} - W_{jk})^2} \tag{4.11}$$

$$R = \begin{bmatrix} R_{11} & R_{12} & \cdots & R_{1m} \\ R_{21} & R_{22} & \cdots & R_{2m} \\ R_{31} & R_{32} & \cdots & R_{3m} \\ \cdots & \cdots & \cdots & \cdots \\ R_{m1} & R_{m2} & \cdots & R_{mm} \end{bmatrix} \tag{4.12}$$

式（4.11）中 R_{ij} 为专家 $i(i=1,2,\ldots,m)$ 与专家 $j(j=1,2,\ldots,m)$ 权重结果的相似程度，R_{ij} 越小，相似程度越小；m 为专家意见的总数，即参加权重评估的专家总人数。显然，$R_{ii}=1$，$R_{ij}=R_{ji}$。如用式（4.11）计算矩阵（4.10）相似系数，得到下列相似系数矩阵

$$R = \begin{bmatrix} 1 & 0.790 & 0.822 & 0.823 & 0.817 \\ 0.790 & 1 & 0.962 & 0.948 & 0.954 \\ 0.822 & 0.962 & 1 & 0.970 & 0.971 \\ 0.823 & 0.948 & 0.970 & 1 & 0.993 \\ 0.817 & 0.954 & 0.971 & 0.993 & 1 \end{bmatrix} \tag{4.13}$$

（2）计算专家意见与群体意见偏离程度。计算每个专家的相似系数之和：

$$P_i = \sum_{j=1}^{m} R_{ij} \tag{4.14}$$

$$P = (P_1 \quad P_2 \quad \cdots \quad P_m)^T \tag{4.15}$$

式（4.15）中 P_i 为相似系数矩阵中每一行之和，它表示第 i 个专家判断所得出的权重意见，与其他专家群体（包括他自己）评估所得权重意见的偏离程度，相似系数之和越小，则此专家意见距离其他专家意见越"远"，偏离程度越大。

对于矩阵（4.13），有

$$P = (4.252 \quad 4.654 \quad 4.725 \quad 4.734 \quad 4.735)^T \qquad (4.16)$$

（3）剔除离异程度大的权重。在排除专家意见时，可采用以下两种方法把握淘汰尺度：

① 专家淘汰比率标准。评价中淘汰的专家太多，会使群体决策评价失去作用；淘汰的专家太少，则会使与群体评价权重偏离程度大的权重影响评价结果。根据经验，舍去专家的比例应用相似系数分析时在20%—30%为好，具体见表4-1。

表4-1　　　　　　　　　舍去专家的比例　　　　　　　　　单位：人

聘请专家人数	5	6	7	8	9	10
舍去人数	1	1—2	1—2	2	2—3	2—3

根据式（4.16）和表4-1给出的标准，本例应将第1位专家的指标权重予以剔除。

② 偏离程度标准。采用偏离程度进行鉴别，即用一个量化的偏离程度指标来对各个专家意见进行衡量。

$$D_i = \frac{P_{\max} - P_i}{P_{\max}} \times 100\% \qquad (4.17)$$

式（4.17）中 D_i 为第 i 个专家的总体相似系数与最大相似系数的偏离程度。D_i 值很大，说明他与其他专家意见相去甚远，应该排除他的意见。当 D_i 大于某一阈值 D_0 时，这个意见应该被排除掉。一般来说，$D_0 < 5\%$，阈值可依具体情况而定。对于本例，将式（4.16）中的数据代入式（4.17），有

$$D = (D_1 \quad D_2 \quad D_3 \quad D_4 \quad D_5)^T = (10.20\% \quad 1.71\% \quad 0.21\% \quad 0.02\% \quad 0)^T$$

$D_1 = 10.20\% > D_0$，因此应排除第一位专家的权重意见。

可同时结合专家淘汰比率和偏离程度两个标准来确定被淘汰的专家权重意见。

（4）计算评价指标的平均权重。剔除被淘汰的专家后，求所有保留专家的权重的算术平均权重。若专家的重要程度不同，则按每位专家的权重求加权平均数。上例中，假设专家的重要性相同，淘汰了第1名专家的意

见后，综合其他4位专家的意见，得到的评价指标的平均权重为

$$\bar{w} = (\bar{w}_{C21} \quad \bar{w}_{C22} \quad \bar{w}_{C23} \quad \bar{w}_{C24})$$
$$= \left(\frac{1}{4}\sum_{i=2}^{5} W_{iC21} \quad \frac{1}{4}\sum_{i=2}^{5} W_{iC22} \quad \frac{1}{4}\sum_{i=2}^{5} W_{iC23} \quad \frac{1}{4}\sum_{i=2}^{5} W_{iC24}\right) \quad (4.18)$$
$$= (0.307 \quad 0.3275 \quad 0.153 \quad 0.2125)$$

（5）对平均权重进行归一化处理。

上例中，$w = (w_{C21} \quad w_{C22} \quad w_{C23} \quad w_{C24}) = (0.306 \quad 0.328 \quad 0.153 \quad 0.213)$

(4.19)

式（4.19）中，$w_{C2j} = \bar{w}_{C2j} \Big/ \sum_{j=1}^{4} \bar{w}_{C2j}$

因此，"工作环境"指标对应的4个子指标的权重为 $w =$（员工对管理层的满意程度，员工的平均薪资水平，企业员工的流出率，完善的员工培训计划）$= (0.306 \quad 0.328 \quad 0.153 \quad 0.213)$

针对图4-2中的每层每类指标重复上述过程，即可得到与指标体系对应的指标权重。当然，对某些指标的权重确定，可能不必采取多专家参与的层次分析法，只需根据指标特点和问题的性质直接给出，如对"信用行为"涉及的子指标（物流信用行为、资金流信用行为、技术流信用行为或信息流信用行为）应给出相同的权重。

4.4 企业信誉评价模型与方法

3PSDI中，企业信誉评价包括四个方面：企业信用能力评价、企业信用行为评价、企业声誉评价和企业综合信誉评价。

4.4.1 企业信用能力评价模型

4.4.1.1 企业信用能力计算方法

企业信用能力是通过计算企业的相关财务比率而得到的。为得到底层

指标的得分值,需给出各行业的标准值,见表4-2。

表4-2　　信用能力指标参考标准值(以中国企业为例)　　(单位:%)

指标	行业标准值				
	工业	商业	房地产	公用事业	其他
一、偿债能力 A1					
1. 资产负债率 A11	60	75	70	65	65
2. 速动比率 A12	70	80	65	65	70
3. 利息保障倍数 A13	400	400	400	400	400
二、盈利能力 A2					
1. 投资报酬率 A21	6	4	10	10	4
2. 主营业务利润率 A22	6	4	10	10	4
三、营运能力 A3					
1. 总资产周转率 A31	70	80	60	60	60
2. 流动资产周转率 A32	130	150	120	120	120
四、发展能力 A4					
1. 销售(营业)增长率 A41	8	8	10	10	8
2. 资本累积率 A42	8	8	10	10	8

注:行业标准值通过《中国统计年鉴》整理。

将企业自身的各种财务指标,与表4-2中相应财务指标的行业标准值进行对比计算,从而得到企业的信用能力评价值,具体方法见表4-3。

表4-3　　　　　　　　企业信用能力分值计算

指标名称	单位	实际值	基准参照值	实际值占参照值的%	得分
甲	乙	1	2	3 = 1÷2	4 = 3×0.6
一、偿债能力 A1					
1. 资产负债率 A11	%	$1-RLA$	$1\%-60\%$		
2. 速动比率 A12	%		70%		
3. 利息保障倍数 A13	%		400%		
二、盈利能力 A2					
1. 投资报酬率 A21	%		6%		
2. 主营业务利润率 A22	%		6%		

续表

指标名称	单位	实际值	基准参照值	实际值占参照值的%	得分
三、营运能力 A3					
1. 总资产周转率 A31	%		70%		
2. 流动资产周转率 A32	%		130%		
四、发展能力 A4					
1. 销售（营业）增长率 A41	%		8%		
2. 资本累积率 A42	%		8%		
合计					

企业信用能力计算方法说明：

（1）企业各财务指标实际值除以相对应的基准参照值得到指标相对参考值。

（2）企业信用能力各项指标的实际得分为相对参考值乘以系数 0.6。因为表 4-2 为行业平均水平，而不是最好水平，因此 SDN 中节点企业达到以上标准，故将最终得分分配系数 0.6，即企业达到行业标准水平得到满分的 0.6 倍。

（3）若企业信用能力指标实际值小于 0，则最终得分为 0；若指标实际值除以基准参照值后的相对参考值乘以 0.6 后大于 1，则最终得分为 1。相对于企业信用能力评价，将资产负债率指标看作是负指标，因此其实际值一项应为（1-资产负债率），即 $1-RLA$；同样，其基准参照值相应变为 1%—60%。

4.4.1.2 企业信用能力评价值的计算

上述运算可以方便快速地得到各项企业财务指标准确有效的得分值，用 V_{Aij} 表示底层指标得分，则企业信用能力大类指标的评价值为

$$V_{Ai} = \sum_{j=1}^{r} w_{Aij} \times V_{Aij} \tag{4.20}$$

（当 $i=1$ 时，$r=3$；当 $i=2$ 时，$r=2$；当 $i=3$ 时，$r=2$；当 $i=4$ 时，$r=2$）

式(4.20)中,w_{Aij}为底层指标的权重。

企业信用能力指标的综合评价值为

$$V_A = \sum_{i=1}^{4} w_{Ai} \times V_{Ai} \qquad (4.21)$$

式(4.21)中,w_{Ai}为大类指标的权重。

4.4.2 企业信用行为评价模型

4.4.2.1 信用行为指标的评分标准

节点间交易(或合作)感觉在3PSDI中的评价结果不只是完全满意和完全违约,即得分为"1"或"0"的状态,交易双方之间的感觉评价具有多维性和主观性。假设交易双方共享一致性的评价标准,即以承诺是否履行为基准,对双方作出五种标度的评价,由此将评定集由 {满意,不满意} = {0,1} 转变为 {非常满意,满意,一般,不满意,非常不满意}。

交易双方共享一致的评价标准,即以承诺是否履行为基准,向对方作出五种标度的评价,见表4-4。交易双方只需在相应处在线打"√"后提交。

表4-4 信用行为指标评分标准

信用行为指标	底层指标	评定标准	评定尺度				
			非常满意	较满意	一般	不满意	非常不满意
物流信用行为	商品质量	商品实际质量与承诺相符程度					
	商品数量	商品是否符合承诺的数量,若不符合,供方节点是否说明商品数量不足的原因并给出补偿方案					
	商品运输与交付	商品实际运输交货情况与承诺相符的情况					

续表

信用行为指标	底层指标	评定标准	评定尺度				
			非常满意	较满意	一般	不满意	非常不满意
资金流信用行为	资金金额	给付资金数额符合承诺的情况					
	付款方式	付款方式与承诺中的约定相符的情况					
	付款时间	按约付款情况					
信息流信用行为	信息有效性	信息准确反映事实的情况					
	信息完整性	信息全面反映事实的情况					
技术流信用行为	技术先进性	技术达到承诺的技术先进程度的情况					
	技术的服务与指导	按合约规定，技术供应方提供到位的售后服务和指导的情况					

用语言变量提交反馈比直接用数值（标度值）提交反馈更方便、清晰。所谓语言变量，是指这种变量的值不是数值，而是用自然语言或人工语言表示的词或短语。用语言变量提交信誉反馈后，再由系统将其转化为相应标度值。

五级标度中语言变量值与标度值的对应关系见表4-5，为了避免企业由于自身信誉分值过低而放弃原来的身份，重新注册为一个新用户，所以设定的最低评分标准不小于0。

表4-5　　　　　语言变量值和标度值的关系

语言变量值	非常满意	满意	一般	不满意	非常不满意
标度值	1	0.75	0.50	0.25	0

企业可同时与同一企业或不同企业进行不同供需质交互，因为对每种供需质交易，供需双方都有各自的权利和责任，即具有显性或隐性承诺，所以每种供需质交易都应看作是一次独立的交往经历。因此，企业在供需网中的交易次数是该企业进行各类供需交易次数的总和。

4.4.2.2 信用行为评价模型

设对 b 第 i 次交易（或合作）的评价值为 E_i，则 3PSDI 对 b 的信誉估计为：

$$\hat{R}_b = \frac{\sum_{i=1}^{n} E_i}{n} \tag{4.22}$$

式（4.22）中，n 表示交易次数；E_i 表示第 i 次交易及合作后对方对 b 的综合评分。

$$E_i = \sum_{k=1}^{r} p_k e_{ik} \tag{4.23}$$

式（4.23）中，r 表示第 i 次交易对应的底层评价指标的个数；e_{ik} 表示第 i 次交易及合作后对第 k 指标的评分；p_k 表示底层指标 k 的权重。

模型（4.22）是把每次交易同等看待后，得到的信誉评分的算术平均值。针对现有在线信誉评价系统存在的普遍问题，在模型（4.22）的基础上，对在线信誉评价模型又作了进一步改进。

（1）考虑到交易（或合作）金额时对模型的修正。在现实情况中，一笔交易的价值越大，则通过这笔交易所体现的交易双方的信誉越能真实反映其综合信誉状况，因此与这笔交易有关的信誉评定所占的权重应该越大。

不论以往的交易（或合作）是否成功，将每次交易（或合作）按金额大小分配不同的权重 u_i。

$$u_i = \frac{\text{第 } i \text{ 次交易或合作的金额}}{n \text{ 次交易或合作金额合计}} \tag{4.24}$$

则信誉估计可以修正为：

$$\hat{R}_b = \frac{\sum_{i=1}^{n} u_i E_i}{\sum_{i=1}^{n} u_i} \tag{4.25}$$

（2）考虑交易（或合作）时效时对模型的修正。在交易与合作中，越是靠近现在的信誉反馈，越能反映被评定者未来的行为趋势，因而其权重也应越大,即交易者更注重近期的在对方交易与合作中的表现,而很少考虑过去很久的交易与合作表现甚至忽略不计。这是企业不断更新对方认识的需要,同时也给对方机会重塑自身形象。

考虑时效性后给以往的交易与合作分配不同的权重 v_i。

$$v_i = \frac{i}{1+2+\cdots+n} \ (i = 1, 2, \ldots, n) \tag{4.26}$$

由此,通过考虑交易与合作的金额和时效两方面因素,可以得出任一企业节点 b 的信誉估计为:

$$\hat{R}_b = \frac{\sum_{i=1}^{n} u_i v_i E_i}{\sum_{i=1}^{n} u_i v_i} \tag{4.27}$$

式(4.27)是对 3PSDI 中企业 b 的所有类型的供需质交易不作区分时,得到的信用行为的信誉分值计算。若把企业信用行为的评价按照主要的四种供需质(物流、资金流、信息流和技术流)分为四部分,则可以利用各类供需质的评价结果进行加权综合得到企业节点 b 的整体信用行为评价

$$\hat{R}_b = \sum_{j=1}^{m} w_{Bj} \left(\frac{\sum_{i=1}^{n_j} u_{ij} v_{ij} E_{ij}}{\sum_{i=1}^{n_j} u_{ij} v_{ij}} \right) \left(\sum_{j=1}^{m} n_j = n, m = 1, 2, \ldots, q, q \leq 4 \right) \tag{4.28}$$

式(4.28)中,n 为企业 b 的交易总数;n_j 为企业 b 对 j 类供需流的交易次数;w_{Bj} 为 j 类供需流交易的权重;q 为企业节点 b 在供需网中拥有的信用行为记录(物流、资金流、技术流或信息流)的类别数(通常情况下,$q > 1$,因为 3PSDI 中的企业一般拥有供应点和需求点的双重身份。当作为供方时,会获得物流、资金流、技术流或信息流的信用行为评分;当作为需方时,会获得资金流的信用行为评分)。若四种供需流交易的诚信行为对信誉分值的贡献相同,则企业信用行为的综合评价值为

$$\hat{R}_b = 1/q \sum_{j=1}^{m} \left(\frac{\sum_{i=1}^{n_j} u_{ij} v_{ij} E_{ij}}{\sum_{i=1}^{n_j} u_{ij} v_{ij}} \right) \tag{4.29}$$

4.4.3 企业声誉评价模型

4.4.3.1 企业声誉底层指标的得分计算

与信用能力评价和信用行为评价不同,企业声誉评价既涉及定性指标,又涉及定量指标,见表4-6。

表4-6　　　　　　声誉底层指标的类型

声誉单项指标	声誉底层指标	指标类型
产品和服务 C1	产品/服务质量 C11	定性
	产品/服务的市场占有率 C12	定量(%)
	广告费支出 C13	定量(万元/年)
社会责任 C2	企业在运营过程中对周边环境的保护和重视程度 C21	定性
	企业参与社会慈善活动的情况 C22	定量(万元/年)
	公众危机的处理能力 C23	定性
	企业员工对企业伦理政策的认同度 C24	定性
工作环境 C3	员工对管理层的满意程度 C31	定性
	员工的平均薪资水平 C32	定量(万元/年)
	企业员工的流出率 C33	定量(%)
	是否具有完善的员工培训计划 C34	定性
伙伴关系 C4	主要投资者(股东)的更换频率 C41	定量(人/年)
	合作伙伴对企业的认可 C42	定性
	主要战略伙伴的声誉状况 C43	定性
	与合作伙伴保持合作的平均时间 C44	定量(年)
创新能力 C5	有计划地进行创新的情况 C51	定性
	新产品开发周期 C52	定量(年)
领导素质 C6	企业CEO个人的声誉 C61	定性
	高层管理者的资格能力 C62	定性
	高层管理者同下级员工之间的沟通交流状况 C63	定性
	高层管理者的诚信度 C64	定性

针对定性指标,采取对企业的主要利益相关者进行问卷调查的方式获得基础数据,主要利益相关者包括员工、顾客和合作伙伴。把发放实物问

卷和在线问卷相结合，如被测评企业的全体员工可在3PSDI规定的网页上在线填写后提交。评定等级仍采取5等级制，见表4-5，只需在相应等级处打"√"。被调查者的评价标准是自己的感受，即凭借对企业行为的感知所获得的感受。这样每个指标的得分将具有模糊性，即是以"隶属度"的形式体现的。

针对定量指标，通过企业根据客观实际提交的数据获得。由于这些定量数据含义不同、极性不同、量纲不同，尤其是与其他定性指标的评分尺度不同，不能直接用于综合定量分析，需要对定量数据进行标准化处理和尺度一致性的价值化处理。本书利用模糊C均值聚类（FCM）方法实现连续性指标值的离散化，以便与定性指标统一在同一评价尺度上。步骤如下：

（1）指标标准化处理。设X_i表示定量指标i的原始数据，$\max X_i$表示指标i对应的行业最大值；$\min X_i$表示指标i对应的行业最小值。x_i为指标i统一极性后的值，$i=1,2,\ldots,n$，n是定量指标的个数。

① 正指标的标准化：

$$x_i = \frac{X_i}{\max X_i}$$

② 逆指标的标准化：

$$x_i = \frac{\min X_i}{X_i}$$

③ 中性指标的标准化：

指标值越接近适中值越好，设X_i^0为指标i的适中值。

$$x_i = \frac{\min\{X_i, X_i^0\}}{\max\{X_i, X_i^0\}}$$

经过上述标准化处理后得$x_i \in [0,1]$。

（2）指标离散化处理。下面将模糊C均值聚类方法（FCM）用于连续指标的离散化处理：

将有n个样本组成的数据集$\{x_i\}(i=1,2,\ldots,n)$划分为c类，$b_j(j=1,2,\ldots,c)$为聚类中心，μ_{ij}是样本x_i属于第$j(j=1,2,\ldots,c)$类的程度，即隶

属度函数。

FCM 的价值函数（或目标函数）为：

$$J = \sum_{i=1}^{n} \sum_{j=1}^{c} (\mu_{ij})^m (d_{ij})^2 \quad (4.30)$$

这里，$(d_{ij})^2 = \|x_i - b_j\|$；$m \in [1, \infty]$ 是加权指数，J 表示各类中样本到聚类中心的加权距离平方和，权重是样本 x_i 对 j 的隶属度的 m 次方。聚类问题就转化为求 $\min J$ 的非线性规划问题，其约束条件是 $\sum_{j=1}^{c} \mu_{ij} = 1$。

Bezdex 等人给出了求函数 J 的极小值的条件是：

$$b_j = \sum_{i=1}^{n} (\mu_{ij})^m x_i \bigg/ \sum_{i=1}^{n} (\mu_{ij})^m \quad (j = 1, 2, \ldots, c) \quad (4.31)$$

$$\mu_{ij} = \frac{\left(\frac{1}{d_{ij}}\right)^{\frac{1}{m-1}}}{\sum_{k=1}^{c} \left(\frac{1}{d_{ik}}\right)^{\frac{1}{m-1}}} \quad (i = 1, 2, \ldots n, j = 1, 2, \ldots, c) \quad (4.32)$$

已知 x_i 和 m，且这里 $c = 5$，$b_j = \{0, 0.25, 0.50, 0.75, 1\}$，进行聚类的样本都是一维变量，利用数值的迭代运算，即可得到近似最优解 μ_{ij}^*。

按声誉大类指标，综合其下层的定性指标和定量指标的隶属度向量，即可得到相应的隶属度矩阵：

$$R = \begin{bmatrix} r_{11} & r_{12} & \cdots & r_{1m} \\ r_{21} & r_{22} & \cdots & r_{2m} \\ \cdots & \cdots & \cdots & \cdots \\ r_{n1} & r_{n2} & \cdots & r_{nm} \end{bmatrix} \quad (4.33)$$

其中，r_{ij} 表示指标 i 被评为 j 等级的可能性，亦称 i 对 j 的隶属度，$\sum_{j=1}^{m} r_{ij} = 1$，$i = 1, 2, \ldots, n$，$n$ 为指标个数，m 为等级数。

上述指标结果是根据问卷调查和企业提交的相关数据得到的。3PSDI 信誉评价小组有必要针对相关问题进行现场调研与验证，收集更多的资料和数据，在分析来自企业内部和企业外部的所有资料的基础上，评价小组对指标结果给出二次评价。

4.4.3.2 企业声誉的模糊综合判断

采用模糊评价法对企业声誉作出评价。模型如下：

分别设因素集 F、评定集 E 和考核集 T 为：

$F = \{f1, f2, \ldots, fn\}$

$E = \{e1, e2, \ldots, em\}$

$T = \{t1, t2, \ldots, tr\}$

并设因素集内各元素的权数分配为 W_F 和考核集内各因素的权数分配为 W_T：

$W_F = (W_{f1}, W_{f2}, \ldots, W_{fn})$

$W_T = (W_{t1}, W_{t2}, \ldots, W_{tr})$

并规定：

$$\sum_{i=1}^{n} W_{fi} = 1, \sum_{k=1}^{r} W_{tk} = 1$$

对因素集内诸因素的评定，是一种模糊映射，由于不同成员作出不同的评定，所以描述考核的结果只能用对 fi 作出 ej 评定的可能性的大小来表示，如式（4.33），记作隶属度 r_{ij}。整个考核因素集内诸因素相应的隶属度向量可记作矩阵形式：

$$R = \begin{bmatrix} r_{11} & r_{12} & \cdots & r_{1m} \\ r_{21} & r_{22} & \cdots & r_{2m} \\ \cdots & \cdots & \cdots & \cdots \\ r_{n1} & r_{n2} & \cdots & r_{nm} \end{bmatrix}$$

隶属度向量的各分量可根据考评资料的统计处理求得，一般都取归一化，即隶属度之和为1：

$$\sum_{j=1}^{m} r_{ij} = 1 \quad (i = 1, 2, \ldots, n)$$

对于第 i 个因素，若经过 r 次考核，属于第 k 次考核的隶属度向量记作：

$R_i^{(k)} = (r_{i1}^{(k)}, r_{i2}^{(k)}, \ldots, r_{im}^{(k)})$

此外，定义第 i 个因素对应于第 j 种评定的隶属度向量为：

$$R_{ij} = \begin{bmatrix} r_{ij}^{(1)} \\ r_{ij}^{(2)} \\ \cdots \\ r_{ij}^{(r)} \end{bmatrix}$$

此时归一化的综合隶属度可以采用模糊概率方法表示为：

$$r_{ij} = W_T R_{ij} = (W_{ti} W_{t2} \cdots W_{tr}) \begin{bmatrix} r_{ij}^{(1)} \\ r_{ij}^{(2)} \\ \cdots \\ r_{ij}^{(r)} \end{bmatrix}$$

根据模糊集理论的综合评定概念，若已知因素集内诸内素相应的隶属度向量：

$$R = (r_{ij})_{n \times m}$$

以及因素集的权数分配向量：

$$W_F = (W_{f1}, W_{f2}, \ldots, W_{fn})$$

则综合评定向量 $S = (S_1 \quad S_2 \quad \cdots \quad S_m)$ 可用模糊矩阵形式表示：

$$S = W_F \cdot R$$

即综合评定结果可记为：

$$S = W_F R = (W_{f1} W_{f2} \cdots W_{fn}) \begin{bmatrix} r_{11} & r_{12} & \cdots & r_{1m} \\ r_{21} & r_{22} & \cdots & r_{2m} \\ \cdots & \cdots & \cdots & \cdots \\ r_{n1} & r_{n2} & \cdots & r_{nm} \end{bmatrix} = (S_1 \quad S_2 \quad \cdots \quad S_m)$$

下面以声誉大类指标"工作环境"为例，说明其综合判断过程。

$F = \{f1, f2, f_3, f4\}$ = {员工对管理层的满意程度，员工的平均薪资水平，企业员工的流出率，完善的员工培训计划}

$E = \{e1, e2, e3, e4, e5\}$ = {非常满意,满意,一般,不满意,非常不满意}

$T = \{t1, t2\}$ = {原始数据,评价小组}

$W_F = (0.306\quad 0.328\quad 0.153\quad 0.213)$

$W_T = (0.5\quad 0.5)$

设两次考评的隶属度矩阵分别如下：

$$R^{(1)} = \begin{bmatrix} 0.4 & 0.2 & 0.1 & 0.2 & 0.1 \\ 0 & 0.4 & 0.6 & 0 & 0 \\ 0 & 0.8 & 0.2 & 0 & 0 \\ 0.2 & 0.1 & 0.2 & 0.4 & 0.1 \end{bmatrix} \quad R^{(2)} = \begin{bmatrix} 0 & 0 & 1 & 0 & 0 \\ 0 & 1 & 0 & 0 & 0 \\ 0 & 0 & 1 & 0 & 0 \\ 0 & 0 & 0 & 0 & 1 \end{bmatrix}$$

综合两种考评的隶属度矩阵为 $R = (r_{ij})_{4 \times 5}$，其中矩阵元素为：

$$r_{ij} = W_{t1} r_{ij}^{(1)} + W_{t2} r_{ij}^{(2)}$$

如

$r_{11} = 0.5 \times 0.4 + 0.5 \times 0 = 0.2$

$r_{12} = 0.5 \times 0.2 + 0.5 \times 0 = 0.1$

$r_{13} = 0.5 \times 0.1 + 0.5 \times 1 = 0.55$

$r_{14} = 0.5 \times 0.2 + 0.5 \times 0 = 0.1$

$r_{15} = 0.5 \times 0.1 + 0.5 \times 0 = 0.05$

同理，计算其他元素，得：

$$R = \begin{bmatrix} 0.2 & 0.1 & 0.55 & 0.1 & 0.05 \\ 0 & 0.7 & 0.3 & 0 & 0 \\ 0 & 0.4 & 0.6 & 0 & 0 \\ 0.1 & 0.05 & 0.1 & 0.2 & 0.55 \end{bmatrix}$$

指标"工作环境"的综合模糊评定向量为：

$$S_{\text{工作环境}} = W_F R = (0.306\quad 0.328\quad 0.153\quad 0.213) \begin{bmatrix} 0.2 & 0.1 & 0.55 & 0.1 & 0.05 \\ 0 & 0.7 & 0.3 & 0 & 0 \\ 0 & 0.4 & 0.6 & 0 & 0 \\ 0.1 & 0.05 & 0.1 & 0.2 & 0.55 \end{bmatrix}$$

$$= (0.084\quad 0.332\quad 0.378\quad 0.073\quad 0.133)$$

按同样方法可计算出其他声誉大类指标"产品与服务""社会责任""伙伴关系""创新能力"和"领导素质"的综合模糊评定向量,即隶属度向量$(s_{i1} \quad s_{i2} \quad s_{i3} \quad s_{i4} \quad s_{i5})(i=1,2,3,4,5,6)$。这6个指标构成的隶属度矩阵的形式为

$$R = (s_{ij})_{6 \times 5}$$

则企业声誉的模糊综合评判结果为:

$$S_{企业声誉} = (W_{C1} \quad W_{C2} \quad W_{C3} \quad W_{C4} \quad W_{C5} \quad W_{C6}) \cdot R$$
$$= (S_1 \quad S_2 \quad S_3 \quad S_4 \quad S_5)$$

S_j 表示企业声誉被评为第 i 标度(等级)的可能性,且 $\sum_{j=1}^{5} S_j = 1$

根据表 4-5 对应的标度值,企业声誉的综合评分值为:

$$V_C = S_1 \times 1 + S_2 \times 0.75 + S_3 \times 0.5 + S_4 \times 0.25 + S_5 \times 0$$

4.4.4 评价结果综合

4.4.4.1 企业信誉的综合评价

在供需网环境下是从企业信用能力、企业信用行为和企业声誉三方面对企业信誉进行全方位综合评价。其中,企业信用能力和企业声誉评价,通过企业素质和各项经济指标等对企业信誉进行反映,其具有较长的评价期限,可以是一年一评;企业信用行为评价,是对企业信誉进行评价的中心环节,通过与企业交易(或合作)的节点评价交易(或合作)过程中的表现,是即时的评价,一般情况下,在交易(或合作)完成后即可完成信用行为评价。

企业节点在3PSDI中的综合信誉评价,是通过对上述信用能力评价模型、信用行为评价模型以及声誉评价模型确定出的各项评价结果,进行加权而得到的,即:

$$V = W_A V_A + W_B V_B + W_C V_C$$

其中,V_A、V_B、V_C、V 分别为企业信用能力、企业信用行为、企业声

誉、企业信誉的综合评分值（$V_B = \hat{R}_b$）；W_A、W_B、W_C 分别为信用能力指标、信用行为指标和声誉指标的权重。

4.4.4.2 评价结果的表达

（1）评价结果的百分制表达。在前述三类模型的构造和运算结果中，我们遵循着相同的评分尺度：0—1 之间评分，即：

$$V_A \in [0,1], V_B = \hat{R}_b \in [0,1], V_C \in [0,1], V \in [0,1]$$

为了便于理解和有效区分不同节点企业的信誉，将上述得分分别乘以100，变为百分制表达：

$V_{信用能力} = 100 \times V_A$

$V_{信用行为} = 100 \times V_B$

$V_{企业声誉} = 100 \times V_C$

$V_{企业信誉} = 100 \times V$

（2）评价结果的等级表达。信誉指标分值越大，表明企业信誉等级越高，综合素质越强，越值得信任。根据指标分值将信誉等级分为10级，见表4-7。

表4-7　　　　　　3PSDI 中企业信誉等级分类表

等级	得分
AAA（信誉状况极好）	[90, 100]
AA（信誉状况很好）	[80, 90)
A（信誉状况良好）	[70, 80)
BBB（信誉状况较好）	[60, 70)
BB（信誉状况一般）	[50, 60)
B（信誉状况欠佳）	[40, 50)
CCC（信誉状况较差）	[30, 40)
CC（信誉状况很差）	[20, 30)
C（信誉状况极差）	[10, 20)
D（毫无信誉可言）	[0, 10)

（3）评价结果的频数表达。用频数表反映企业在线交易的总次数及获

得不同评价（非常满意、满意、一般、不满意、非常不满意）的次数。

（4）图形表达。按规定的时间间隔描点信誉分值，用图形反映企业信誉状况的发展和变化趋势。

另外，在3PSDI中，为配合信誉信息展示，可进行违规记录的公示。即通过交易者反馈、信誉数据收集过程、政府相关部门和各种媒体等途径，对企业节点在在线交易和网下实际运营过程中出现的各种严重的不良行为和事件有意识地进行收集和整理，并在3PSDI中给予公示。

以供需网管理理念和企业信誉理论为依据，综合运用博弈论、信息经济学、模糊评价理论、层次分析法、利益相关者管理、信用管理、公共关系管理等理论和方法，重点研究了供需网环境下企业信誉的作用机理、企业自身信誉的创建和基于第三方集成化供需信息管理平台的企业信誉评价等问题，为企业在全球市场环境下实施供需网管理理念和管理模式提供了有效支持。

5 供需网环境下企业自身信誉的创建

5.1 企业信誉创建的过程模型

企业信誉是伴随着企业行为产生的，企业在为了自身目的进行有形和虚拟经营的过程中，必定会在相关对象和一定社会范围逐步产生一种无形的认同趋向，从而形成信誉。陈祥槐等在文章《基于信誉和"关系"的企业信任机制比较研究》中将企业信誉的形成归结为三方面：企业及其成员行为的规范程度、企业及其成员的行为一致性程度及企业外部成员对企业的认知程度。因此，信誉资产的价值可表述为：

$$P = f(S, C, A) \tag{5.1}$$

其中：P——信誉资产的价值；

S——企业及其成员的规范程度；

C——企业及其成员的行为一致性程度；

A——社会对企业行为的认知程度。

企业及其成员行为的规范程度是指企业及其成员行为符合规则程度、遵守道德程度以及满足社会期望的程度，如提供顾客满意的产品和服务、按时付款和还贷、不进行欺诈、履行社会义务等，它是信誉的基础和核心。企业及其成员行为的一致性程度包括企业及其成员行为目标上的一致性和行为前后的一贯性。前者指企业的各种行为是否围绕同一目标，各种行为之间是否相互支持；后者指企业及其成员行为在时间和空间上的一致性。企业及其成员行为的一致性是信誉得以维持的基础，也是信誉被社会认知的前提。社会对企业行为的认知程度指社会成员对企业行为的了解程度以及认可程度。它是信誉价值高低的最终评判。

本书针对企业信誉定义、特征,并对式(5.1)进行理解的基础上,给出了企业信誉创建的过程模型,见图5-1。

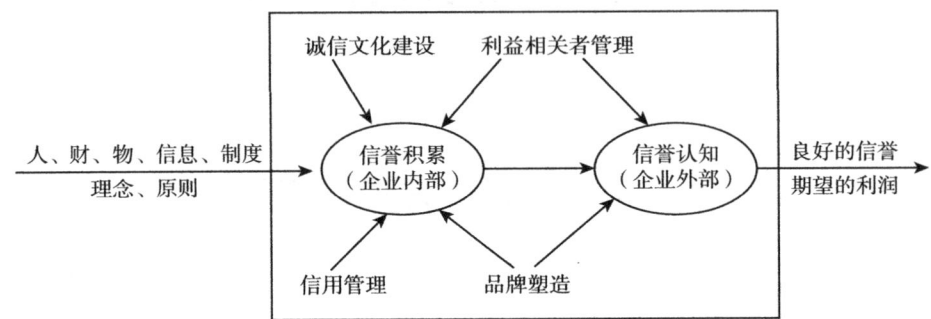

图5-1 企业信誉创建的过程模型

图5-1中,企业应具有的核心理念是共赢理念,即与利益相关者充分合作与共赢。应遵循的原则如下:

(1)经纪人利己和道德人利他的统一原则。亚当·斯密的《国富论》中提到经纪人总是要利己的,要通过做事赚钱;《道德论》中所说的道德人则要顾及他人,要有利他精神。二者的统一在于,每一个独立的利益群体的自身利益的实现,必须以满足他人的利益为前提。

(2)利益相关者满意原则。企业的生存离不开利益相关者的支持,他们对企业的评价决定了企业信誉,他们对企业的言行影响了企业信誉,进而影响了企业的利润。企业应该做到:一是敏捷响应利益相关者的需求;二是提高利益相关者的满意度。

(3)准确决策原则。"创建信誉开始于管理者的会议室"。企业的良好信誉取决于正确决策及其实施,而不是对错误决策带来的损失加以纠正。同时,企业的任何决策要综合考虑利润目标和信誉目标,除了技术、经济分析,还要进行信誉分析,以确保决策正确。

利益相关者管理、诚信文化建设、信用管理、品牌塑造等管理理论与方法与企业信誉的形成有什么内在联系,以及如何利用这些理念和方法实现信誉的积累和认知,将是后面所要研究的问题。

5.2 基于企业利益相关者的信誉创建

5.2.1 利益相关者理论产生的背景——企业的社会责任问题

19世纪末,随着社会的进步(公众富裕程度和教育水平的提高、电视文化带来的社会关注意识的增强、"应得权利"心态的变化导致了社会对企业社会绩效提出了更高的期望)和企业权利的使用与滥用(污染环境、盘剥百姓、隐瞒真相等),公众对企业社会责任的呼声日益高涨,在发达国家掀起了商业批评的浪潮。一些国家成立了许多新的政府机构,如环境保护机构、消费品和消费者安全机构、职业安全和健康管理机构等。这些机构在制定国家公共政策和法律时必须考虑消费者、员工和环境等。理论界和企业界均认为,企业不能只考虑股东的财务回报,而应该通过履行社会责任为社会作出更大贡献。商业批评与企业社会绩效的循环图见图5-2。

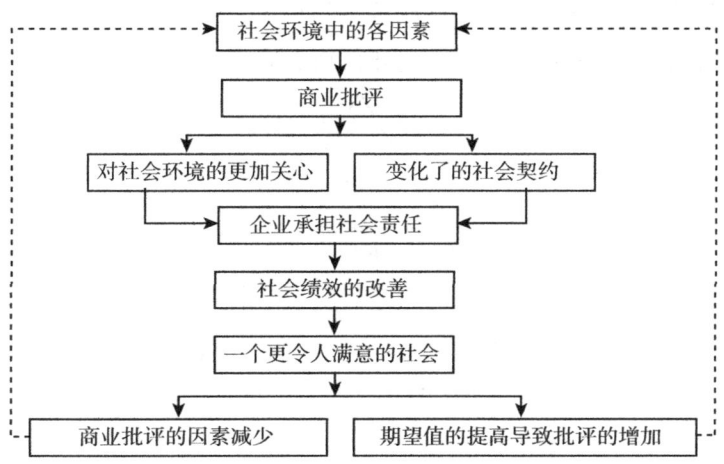

图 5-2 商业批评与社会绩效的循环图

图5-2表明，社会责任来源于对社会环境的关注和变化了的社会契约关系（社会为企业运作确立的游戏规则，即法律和规章）；企业主动承担社会责任，可以提高其对社会的回应能力和社会绩效，从而迎来了一个更加令人满意的社会；满意程度提高了，造成商业批评的因素就会减少。与此同时，社会期望值的进一步上扬又会引发更多的批评。但无论如何，其净效益是社会绩效和社会满意度的整体水准随时间的推移而不断提高；反之，如果企业不能对社会期望及时作出回应，企业与社会的关系就会步入一个恶性循环，最终处于社会中的企业将由于受到社会的约束和惩罚而无法生存。越来越多的人已经开始关注企业的社会责任问题，"社会的企业"是现代企业的方向，对传统的"股东至上"理论产生了冲击，企业不仅应该为股东的利益负责，也应该为其他利益相关者的利益作出贡献。企业开始权衡股东和社会的义务与责任。Archie B. Carroll 在1991年给出了社会责任的"金字塔"模型。在这种模式下，企业有四个方面的社会责任，包括经济责任、法律责任、道德责任和慈善责任，见图5-3。在"金字塔"模型中最基础的是经济责任。企业作为生产角色就是生产和销售社会需要的产品和服务，经济绩效是企业存亡的基本条件，这四部分相互区别、相互联系构成了企业社会责任的整体，其内涵见表5-1。社会责任作为一个整体，表现为企业谋求利润与履行其他责任的同步性，负起社会责任的企业将是一个赢利、守法、富有道德、守信用、有声誉的企业。

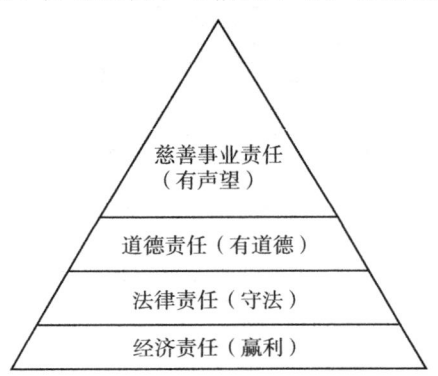

图5-3 社会责任的金字塔结构

表 5-1　　社会责任的内涵

责任类型	内涵
经济责任	是对企业的要求，包括收入最大化、成本最小化、做明智的战略决策等
法律责任	是对企业的要求，包括遵守法律和规章制度、履行所有的契约责任
道德责任	是对企业的预期，包括避免不良行为、坚持道德的指导地位、诚实、守信等
慈善事业责任	是对企业的期望，包括捐赠、支持社区计划、支持教育和体育事业等

迄今为止，企业对社会责任的概念已经得到更广泛的认可，其含义也更丰富。重点是产品的安全性、广告的完整性、员工的权利、环境保护和行动规范等问题，不再是从前的社会和道德观念问题。随着多功能开放型企业供需网管理模式的实施，这种"共赢"理念变得越来越重要，它将从根本上改变企业与员工、顾客、商业伙伴及其他利益相关者之间的关系。例如，为了不断创新，企业对员工的技术和知识越来越依赖；为了产品和服务适应顾客需求的多样化和个性化，企业需要与商务伙伴建立紧密的合作；环保意识的持续强化使得企业不能忽视社区及其强大力量的存在。一种基于长期信赖（Trust-based）的合作伙伴关系取代了短期的（Arm's Length）契约关系，企业与利益相关者保持忠诚和协调的关系，是企业参与全球竞争的核心能力之一。

5.2.2　利益相关者与企业信誉

利益相关者（Stakeholder）是从股东（Shareholder）一词套用而来的。西方学者真正给出利益相关者定义是在 20 世纪 60 年代。1963 年，斯坦福研究院的一些学者受"Shareholder"的启发，他们利用"Stakeholder"表示与企业有密切关系的所有人。1984 年美国经济学家 Freeman 给出了一个广义的定义，他认为"利益相关者是那些影响企业目标实现或受企业目标实现过程影响的任何个人和团体"。该定义启发人们思考企业与利益相关者之间的相互影响，同时大大扩展了利益相关者的内涵，除了影响企业持续生存的投资者、员工、顾客和合作伙伴之外，还将社会活动团体、社区、社会公众等实体纳入了利益相关者管理的研究范畴。这种广义的概念为探讨企业信誉问题奠定了理论基础。

企业信誉管理是20世纪90年代在西方迅速发展起来的，是企业管理者为取得企业的恒久发展，以树立良好信誉而在管理中采取的一系列活动的总称。企业信誉"反映了利益相关者如何评价企业提供有价值成果的能力"（Charles J. Fombrun，1999）。当利益相关者认为这些期望的结果不能被提供时，对企业信誉的损害表现在收益的枯竭、融资能力的降低和对现有和潜在雇员吸引力的减弱，这些负面影响将转化为经济回报和投资者价值的降低。这种具有波动性的企业价值称为信誉资本，它等于超过清算价值和人力资本价值之上的企业市场价值，它是一种处于风险中的企业市场价值。

信誉资本的风险产生于与利益相关者的日常交往中，它随着利益相关者表达或撤销对企业的支持而波动。如当管理者能说服员工努力工作、能使顾客信赖而购买其产品和服务、能使投资者信任而购买其股票时，信誉资本则会产生。它随着金融分析家和新闻记者称赞企业或推荐其股票而增长，随着利益相关者对企业管理者、企业产品、企业远景或企业工作失去信心而减少。因此，企业信誉资本依赖于利益相关者的支持。每个利益相关者群体都是需要管理的信誉风险源。

5.2.3 利益相关者对企业信誉的威胁

一般来说，企业的主要利益相关者包括投资者、员工、顾客、政府执法部门、社会活动团体和媒体。企业管理者的关键任务之一是管理来自这些利益相关者的信誉风险。

（1）来自投资者：降低价值的威胁。当投资者不满意地谈论某企业或卖掉其股票，进而导致企业市场价值螺旋下降时，企业信誉资产则受到了威胁。投资者基于两个准则来评价企业价值：企业以往的获利能力和未来收益前景。企业以往的获利能力越强和越稳定，则其价值越大。

由企业核心业务产生的预期现金流越大,投资者对企业未来前景的评价越好。一般情况下,通过在与投资者的交往中保持"透明度",以及与分析家和媒体进行公开、开放和频繁的接触,管理者能减少这种信誉资本损失。

(2)来自员工:不良行为的威胁。员工言行对企业信誉资本具有最大的潜在影响。他们的工作质量影响提供给消费者的产品和服务的质量。当他们与顾客、同事和朋友交往时,会形成有效的或好或坏的口头传播。员工的不良行为是指员工的自利行为,它与企业的策略不一致,不符合企业的长期利益。由于员工劣迹而受害的企业大量存在,尤其在金融服务行业中特别明显。应该注意到,员工作为企业的组成部分,其信誉具有连带影响效应,因为对于外部利益相关者来说,员工言行反映了企业信誉。防止员工不良行为的关键因素是企业文化和控制系统。强调企业目标内部化和协调工作的企业文化、正规化的培训和基于团队的报酬系统能有效地防范员工不良行为的发生。

(3)来自顾客:误解的威胁。如果顾客对企业或其产品有负面感觉,则它的销售额和利润必定滑坡。来自顾客的对信誉资产的基本威胁是误解。顾客从企业购买的产品越复杂、越重要、越昂贵,顾客就越依赖于企业对如何使用这些产品的指导,所以企业就越易受到误解的伤害。如药品企业,为减少来自顾客的信誉风险,企业应通过完成大量试验和发布描述药品正、副作用的详细指南来阐明产品的适当使用,以减少顾客滥用和误解产品和服务的机会。此外,来自一种产品的负面信息会对该企业的其他品牌产品产生连带的负面效应。

(4)来自政府执法部门:强行管制的威胁。政府执法者通过发动调查和强制行动威胁一个企业的信誉资本。在一些政策性很强或提供风险高的、危及生命的产品或服务的行业中,企业更易受到伤害。实践表明,无论是立法者还是执法者对实施公民活动计划的企业都会作出有利的反映。立法者是由当地选民选出的,如果立法者对企业说一些赞扬的话,则能减少执法者对企业的责难或成为执法牺牲者的可能性。而且执法者本身也是社区成员，可能也是企业公民计划的受益者。与政府执法部门有广泛关系的企业能够获得一些对自己有利的地区性法规，并在其他方面为企业创造有利的机会。

（5）来自地方社区：不合惯例的威胁。公众观点在确定可接受的企业行为标准方面起到了重要作用。社团被调动起来和采取行动，往往是由于他们感受到一个企业正在逐渐损坏社区的安全，即辜负了社区期望或向本地社区提出了挑战。四种因素使企业面临不合惯例的脆弱性：社会距离、无吸引力、行为反差和独特性。社会距离是指企业信仰与当地社区信仰之间的差距；吸引力描述了企业从感情上和经济上对社区成员的吸引力；行为反差是指与流行的社区规范不一致的行为；具有独特性的企业指的是那些由于没有可信任性（或可靠性）记录而不能被充分理解的企业。社会上的疏远、无吸引力和行为反差大的企业通常发现自己成了地方社区运动的受害者。

（6）来自媒体：曝光的威胁。媒体对企业行为的正面报道能提高企业信誉，但其负面曝光更容易伤害企业的信誉。引起媒体报道或曝光主要有四个因素：一是企业的独特性；二是与媒体的交往质量；三是收益的易变性；四是广告的可视性。当一个企业开发和促销新产品或新服务时容易被媒体曝光。与新闻记者的频繁交往增加了对公司的熟悉度和企业被报道的可能性。异常高的回报和收益的锐减会引起媒体的注意。另外，做大量广告的企业更可能成为新闻记者的目标。总之，企业的新闻价值越大，越能引起媒体的注意，企业所接受的媒体报道范围就越大。

5.2.4　建立和维护企业信誉过程中应注意的问题

5.2.4.1　建立利益相关者参与的企业治理结构

从1990年至今，美国的29个州修改了《公司法》，新《公司法》要求企业经营者不仅要服务于股东，还要服务于其"利益相关者"。许多成功的企业将利益相关者管理纳入企业的战略构成要素。在现代企业管理理论和企业治理理论中，利益相关者管理已成为其核心内容之一。早在2002年1月，中国证券监管委员会和国家经济通商委员会共同发布了《上市公司治理准则》，并明确指出：上市公司应尊重银行、其他债权人、员工、消费者、供应商、社区和其他利益相关者的正当权利，并积极协助企业继续健全地发展；上市公司应为保护利益相关者的权利和利益提供必要的条件，上市公司应向银行及其他债权人提供必要的信息，以便其对公司的业务及财务状况进行判断和决定；上市公司应当为职工和董事会、监事会、经理人员直接交流创造条件，反映员工对公司经营、财务状况、主要决策的意见，维护企业的可持续发展，实现最大化股东利益，上市公司也应重视公司的社会责任，如关注社区的福利、环保和公益事业等问题。利益相关者共同治理，表现出企业作为独立法人存在的特征，防止转向某一个人和某一特定群体的企业。通过利益相关者的博弈制衡，增强了企业永久存在和价值创造的重要性，减少了因为权利不平衡使其他利益相关者的利益受到侵害，也避免了少数人通过损害企业利益而为个人谋取私利。利益相关者参加的共同治理结构是对传统股东权制和经营者主导的治理结构的修正，它推翻了股东资本雇佣劳动的单边契约，反映了企业是与所有参加者共同创造价值的合同联结体，也体现了激励和限制的多元化。

利益相关者参与公司治理具有合理性，主要表现为以下四个方面：

一是治理主体的多样化意味着产权范围的逻辑延伸。企业依靠利益相关者的长期合作，它是由平等且独立的多方主体组成。任何一个主体的随意撤退或机会主义行为都有可能损害其他主体的利益。共同治理模式可以保证各利益相关者有权参与企业治理，通过相互监督制衡各产权主体的行为，实现企业的持续增长和长期有效的合作。

二是公司治理有利益相关者的参与能削减代理成本和交易成本。据美国的詹森和麦克林的观点，代理成本是企业价值与管理者是企业完全所有者的价值差额，信息不对称性使外部股东很难监控经理人，而债权人、员工和其他利益相关者参与公司治理，可以规范经营者的行为，削减代理成本，降低由于自己不负责任的行为而对企业造成的损失和公司激励监督成本。交易成本理论认为，企业的效率在于减少交易成本的能力。交易成本指的是在企业与利益相关者之间签署合同、执行合同和监督执行过程中产生的各种成本。企业把利益相关者的利益放在重要位置，能够与其建立长期的合作关系，彼此之间相互信赖，可以大幅度减少交易成本。

三是公司治理有利益相关者的参与有助于企业长期稳定的发展。因为股东可能只在意股价差异而带来的利润机会，当企业遇到危机的时候，他们就会首先考虑出售股票以消除风险，而不是通过采取负责任的行动来克服困难，但是其他利益相关者由于在企业中投入巨大的专用性资本，当企业因管理不善或者破产倒闭，他们就要承担很大的损失。所以，利益相关者比股东参与公司治理更加重视公司的长期发展。

四是利益相关者参与公司治理是社会责任和企业伦理的要求。自20世纪60年代以来，学术界与企业界对企业的社会责任认识日益重视，要求企业在追求经济利益的同时，应承担道德义务和社会责任。美国管理学家德鲁克指出，企业首要的社会责任是经济责任，但利润不是企业的根本目的，满足社会需要才是企业永恒的目的。利润只不过是企业实现社会责任的回报。建立利益相关者参与公司治理的结构，是促使企业遵循伦理要求和承担社会责任的重要手段。

5.2.4.2 将利益相关者分析作为战略决策的重要组成部分

战略决策是关系企业生存和发展的关键因素。将利益相关者分析纳入企业战略决策的范围，是建立和维护企业信誉的基本要求和前提条件。

（1）要明确利益相关者对实现战略目标的影响关系，见图5-4。开展利益相关者管理，就是要建立利益相关者的整体价值观和共赢理念，以此来创造一种支配运营过程和管理过程的企业文化，并以这些文化和过程来影响员工、顾客和其他利益相关者的观念和行为，最终实现企业的战略目标。

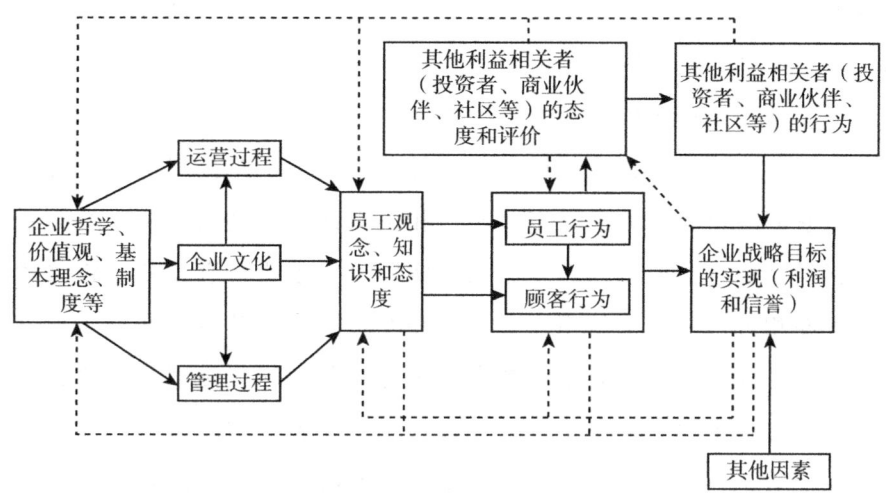

图 5-4 利益相关者对实现战略目标的影响关系

（2）将利益相关者分析纳入决策过程。管理者要将利益相关者的利益与战略制定和方案选择联系起来。找出受方案影响的所有利益相关者，然后分析方案对利益相关者的利弊影响，同时确定利益相关者的权利及重要程度，并对相关者进行排序和分类，最后在对各方案实施效果进行综合评价和权衡的基础上，选择出最优或满意的方案，见图 5-5。

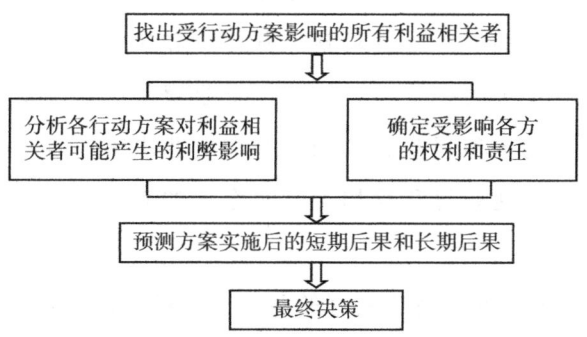

图 5-5 考虑利益相关者的综合决策模型

5.2.4.3 充分认识企业利益相关者及其权利

企业利益相关者可分为直接利益相关者和间接利益相关者，前者包括投资者、员工、顾客、合作伙伴；后者包括政府、行业协会、社区、媒体、竞争者和一般公众等。

企业与直接利益相关者的关系表现为：以契约的形式发生于市场的买卖过程中，约束着企业的战略和管理者的决策。间接利益相关者并不意味着它们与企业的关系较直接利益相关者次要，他们与企业的关系是作为指导企业行动的结果而发生的。实际上，企业与直接利益相关者和间接利益相关者的关系是相互交叉和相互渗透的，其界限并不是十分明显。利益相关者之所以对企业拥有不可忽视的影响，是因为利益相关者对企业拥有特定权利，主要包括投票权利（利益相关者有某些左右企业决策的能力）、经济权利（利益相关者对企业行为在经济方面的约束能力）和政治权利（既指政府制定行政法规、规章对企业进行规制，又指其他利益相关者利用各自资源对企业在政治方面的施压）。如员工希望获得稳定的工作、公平的报酬和安全舒适的工作环境，拥有联合商讨、参与决策和获得公开信息的权利；顾客希望公平交易和获得安全可靠的产品，拥有从企业竞争者手中购买商品和联合抵制不能令人满意的产品和政策的权利；合作伙伴希望企业遵守合约、诚实守信，拥有惩罚欺诈、终止交易的权利；地方社区希望企业雇佣所在地的居民、保护地区环境和促进地区发展，拥有发放或限制经营许可和执照、游说政府规制企业的权利；股东有法定的投票权；等等。企业管理者必须认真探讨和分析不同利益相关者的各种利益和权利，并在企业决策和各项活动中考虑这些利益和权利，以便获得利益相关者对企业的满意度，对企业信誉产生积极的影响。

企业在确定利益相关者应具有的利益和权利之前，应首先明确认定属于自己的利益相关者。企业因其性质类型和经营范围的差异，其利益相关者也不尽相同。现以雀巢公司为例说明企业利益相关者的确定。

雀巢公司是主要销售婴幼儿奶粉的瑞士联合企业。1970年，雀巢公司陷入了道德争论，其主要原因是雀巢公司鼓励某些第三世界国家的妇女选择瓶装奶，这显然是导致母乳喂养减少的营销策略，而母乳喂养是更安全和健康的。贫穷的母亲为了省钱过度稀释奶粉,而且由于卫生比较差导致水质不纯以及她们读不懂说明书,从而造成婴儿的营养不良。随着第三世界政府、社会活动团体、联合国机构的参与,利益相关者的数量正在逐渐增加,见图 5-6。

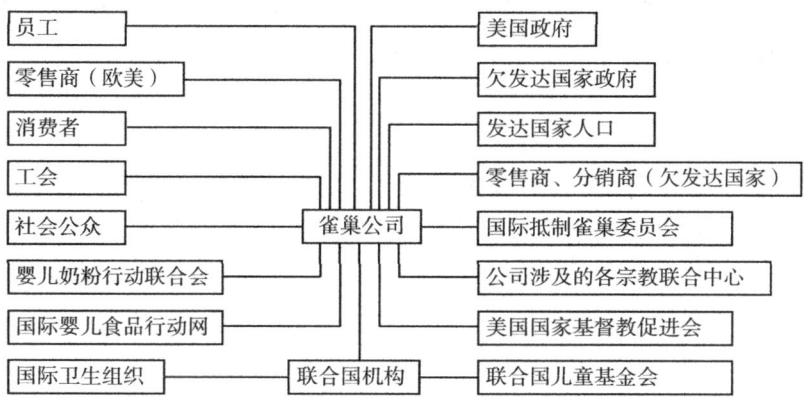

图 5-6　雀巢公司的利益相关者

如果雀巢公司在刚开始涉足这场争论时,能明确自己的利益相关者并能从利益相关者的角度分析问题和采取措施,或许能免去这数年的不幸,并避免其信誉的损失。从这个案例可以揭示"谁是我们的利益相关者?"这一问题具有不断演化的性质。如果不从利益相关者的角度考虑问题,就无法预见其潜在的风险。

另外,利益相关者和其拥有的权利随着时间和空间的变化会有所增加或减少。如在防止环境污染纳入法律的情况下,远离企业的地区和居民也是企业的直接利益相关者。从空间的角度来看,当企业从事海外业务,东道国的员工、消费者、政府等就成为企业的利益相关者。如果企业在利益相关者的范围、权利及其变化方面没有足够的应变能力,企业就无法建立良好的信誉。

5.2.4.4　对不同的利益相关者采取不同的管理策略

不同的利益相关者对企业有着不同的期望,同时他们对企业施加影响的方式和力度也不同。如果能够处理好同利益相关者的关系，利益相关者就会成为推动企业前进的力量；反之，如果不能满足利益相关者的期望，它将变成一种破坏性的力量，企业就会在财务方面和企业信誉方面受损。对利益相关者作出是否易于合作的细分是非常重要的，依照企业利益相关者合作潜力和威胁潜力的可能性大小，可以把企业的利益相关者分为四种类型，见图5-7。

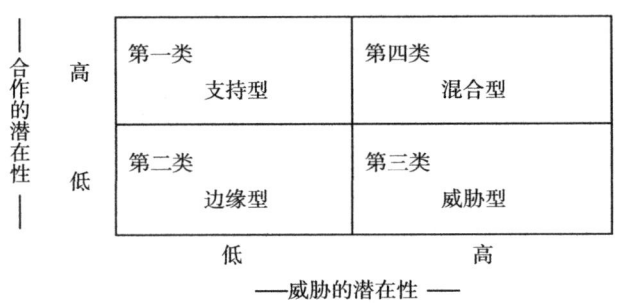

图5-7 利益相关者的特征分类

第一类属于支持型的利益相关者，倾向于与企业合作，企业应让其参与到企业的经营管理中来。

第二类属于边缘型利益相关者，与企业合作的可能性较小，给企业造成威胁的可能性也不大，企业应采取谨慎、友好相处的态度。

第三类属于威胁型利益相关者，倾向于对企业造成威胁，企业应采取防备的态度。

第四类属于混合型的利益相关者，与企业合作的可能性和造成威胁的可能性都很大，企业应采取最积极和广泛的协作。

供需网环境中的企业，由于其可以利用Internet，在全球范围内从事供需交易，企业网站作为企业在互联网上的窗口，自然会吸引企业的利益相关者频频来访。为了最大限度地提高利益相关者的合作和支持力度，企业应明确不同类型的利益相关者包括哪些群体，并明确其拥有的权利和需求、影响方式及企业应采取的态度和对策，见表5-2。

表 5-2　　　　　企业对不同利益相关者的不同对策

类型	利益相关者	权利与需求	影响企业的方式	企业对利益相关者采取的态度与对策
支持型	投资方	了解公司的经营情况；为公司的决策提出建议	行使选举权；检查公司的文件	参与公司治理；利用网站等途径为其提供充分信息
支持型	员工	合理的工资；劳动环境安全；公共信息的访问	积极工作；散布消息；罢工或跳槽	提供舒适的工作环境；合理的报酬；鼓励参与相关决策；提供培训机会
支持型	商业伙伴	履行合同，诚实可靠；实现数据的实时共享	传达贸易经验和信息；结束合作；与竞争对手合作	精诚合作，实现共赢
混合型	消费者	获得产品周期所有阶段（需求、购买、使用、处置）的支持	传播购物体验；转向竞争对手或投诉	在产品生命周期价值分析的基础上进行客户管理；消除客户担忧，提供高品质的产品和服务
混合型	竞争者	获取竞争情报；寻求合作机会	竞争或合作	防范和争取相结合，积极寻求合作机会
混合型	所在地区	了解公司动态，知晓用人信息	保持联系或终止往来；说服政府和公众支持公司	建立友好关系，获得社区支持，为社区发展提供服务
威胁型	网络黑客	盗窃公司的秘密获取不当利益；删除或损坏公司网站的内容	违法侵入企业网站系统	采取安全措施加强自我防卫；减少网站对黑客的吸引力
边缘型	公众、媒体、社会团体	了解公司的动态信息，偶尔访问	媒体宣传，引起政府和公众支持或反对企业	和平共处；积极参与慈善活动；时刻关注公众态度的变化

此外，不同利益相关者群体所关心的利益不同，需要企业对不同利益相关者群体采取不同的沟通策略，但应在多个利益相关者群体之间保持大体一致的形象。只有统筹兼顾各沟通策略，才能最终建立起良好的企业信誉。

5.2.4.5 实施企业公民活动计划

当今社会，人们期望企业对社会整体负责，对提高公众利益负责，所以要求企业必须调整自己的角色，在管理目标中更多的增加非经济的内容。实施企业公民活动计划是企业用于管理来自利益相关者的信誉风险的一项战略性工具。企业公民活动包括社区发展计划、慈善救济活动、志愿者活动和捐赠等。通过"做好事"加强企业与利益相关者之间的关系，有助于企业减少信誉威胁，进而增强公司吸引资源、强化业绩和提高竞争力的能力。

迅速建立一个良好的企业信誉的努力是徒劳的。信誉是随着利益相关者对企业言行的理解和在多年努力的基础上形成的，因此需要不断地对公民活动进行投资或尽义务。值得说明的是，由于企业公民活动收益"难以量化"的特性，使企业不能直接看到它与利润之间的联系，因而使它难以推广。但是如果企业着眼长期实践来看待企业公民计划，就会克服这种缺乏远见的倾向。大量企业实践证明，把企业公民活动作为对社会的投资而非费用是正确的，这种投资建造了防范信誉风险的屏障和获得未来收益的机会平台。

5.3 基于企业诚信文化的信誉创建

信誉离不开诚信，是以诚信为基础的。诚信即诚实守信，诚实守信是企业立业之道、兴业之本。企业要创建良好的信誉，必须将诚实守信渗透到企业经营的各个环节，深入到企业文化的核心。一个具有诚信文化的企业是一个被利益相关者信任的企业，会创造出一种不可复制、独一无二的信誉优势，从而产生一种独特的能力优势，这种能力优势最终将具体体现在收入、市场、合作、创新、效率、士气及吸引优秀人才的能力上。

5.3.1 企业诚信文化建设的必要性

（1）诚信是企业从事经济活动的基础和前提。诚信不仅是企业经营的行为准则，也是企业所有公民从事活动的"底线"。任何企业都应当遵守民法规定的诚信原则，有意识地限制在其从事的经营活动在道德和法律所允许的范围内。否则，这种行为不仅无效，还会受到法律的惩罚；同时，企业也会因此遭受巨大的信誉损失。如果没有市场不规范，企业可能会逃避惩罚，但随着越来越成熟的供需网特别是法制和信誉系统的持续健全，不诚信的风险正在增长。

（2）诚信是企业经营管理的内在要求。一方面，伴随供需网的实施，企业之间会出现越来越多的合作机会。所有合作的各方应注意遵守约定、诚实不欺，才能在达到自身利益的同时，建立和维护长期合作关系。另一方面，从企业内部管理的角度出发，也应该诚信经营，这是企业成败的关键。

（3）诚信可以减少企业市场交易费用。"交易费用"这个词是由诺贝尔经济学奖得主、美国学者科斯提出来的，它指的是交易所需的时间、精力与金钱。只有交易的各方彼此充分信任，才能完成交易，如果他们不讲求诚信，企业就会互相怀疑、不信任，因此就会产生一项额外的费用；同时，他们会被迫以传统的方法来实施面对面交易或以货易货，这样不但增加交易成本，还会减少交易规模，供需网管理模式的实施也会遭到严重的破坏。

（4）诚信是一项重要的无形资产。在供需网中，有世界各地的许多企业提供相同种类的供求和需求。企业是否能够吸引客户，取决于企业的信誉。基于价值创造的角度，诚信是提高企业信誉的重要无形资产。企业的竞争本质上是信誉的竞争。

5.3.2 国内外企业诚信文化建设经验

案例一：美国通用电器（GE）公司的诚信文化

GE 取得巨大成功有很多原因，优秀的企业文化是其中非常重要的一个因素。在《挑战极限——通用电气奇迹解密》中提到："此公司是一个多面球，有很多方面、很多色彩，并且每方面都是值得肯定的，比如服务、创新等。企业文化是这个多面球的核心。"GE 企业文化的核心是什么呢？即是诚信守信的价值观。

GE 在诚信文化建设方面有许多重要举措，主要包括以下几方面：

（1）任命经营者和对其进行评价时，必须实行诚信标准和原则，强调能否遵循公司的诚信价值。杰克·韦尔奇曾经列举过四种类型的管理人员：一是不仅能使企业达到既定目标，还能符合企业价值观的人；二是既不能使企业达到既定目标，又不能符合企业价值观的人；三是尽管不能使企业达到既定目标，但能符合企业价值观的人；四是能达到企业的既定目标，但是不能符合企业价值观的人。针对第一类和第二类的管理人员没有争议。对于第三类管理人员，韦尔奇给他们第二次或第三次机会，他希望看到这些人能使企业东山再起，但他不能容忍第四类管理人员。由此可见，GE 在评价管理者的时候，将企业的诚信看得非常重要。

与韦尔奇的观点相同，伊梅尔特认为，如果借助欺骗他人、违规来完成业绩，公司将坚决辞掉这些人。虽然他们的短期表现很好，但他们腐蚀了整个机制，破坏了整体的合作环境，可能会使公司遭受巨大损失。

（2）GE 公司一直认为，诚信是公司在所有国家发展业务的基础、基准和原则。全世界所有的 GE 在这一方面一定是完全一致的，不可能存在例外，自然也绝不允许有例外，这也包括公司的代理商、经销商和销售代表等。

（3）在 GE 公司，管理者不但要自己诚信，还要管理员工让他们也要诚信。要让所有员工从第一天进入公司就要遵守 GE 公司的价值观——诚实守信。

（4）让所有员工遵守诚信的重要途径是为每个员工提供 GE 价值观指南。在指南中，诚信放在第一位。指南包括涉及客户、供应商的关系、政府的来往、全球竞争、GE 社区、企业资产保护等，全球 100 多个国家均有 GE 公司的员工，无论是在哪里的 GE 公司，无论员工是什么国籍，都必须遵守这个指南的内容，签署"诚信承诺"。

（5）员工培训是 GE 公司的诚信文化建设的重要组成部分。不仅包括网上培训，还包括面对面培训。网上培训可以节约时间，方便员工在家里或工作中获得学习的机会。对管理者来说，培训是必须要做的事情。伊梅尔特曾说："诚信并不是在法律的范围内看问题，诚信也不是法律的规则，当然诚信是符合法律的。但是，如果诚信让律师去做，可能就不会有人去听律师的话，因此，你要把诚信交给管理者去做，才能最大程度让员工做到诚信"。

案例二：企业"同仁堂"的诚信文化

北京同仁堂在 1669 年成立，它的规模、历史文化背景、性质都不能与美国 GE 公司相比，尽管同仁堂不是市场经济的产物，但它却是中国历史上 300 多年老字号企业的代表，其名声享誉海内外。同仁堂最鲜明的特色就是诚信文化。

"同仁堂"这个名字是由创始人乐显扬设计的。他说，"同仁"这个词可以作为店铺的名字：1706 年，出版的《乐氏世代祖传丸散膏丹下料配方》一书的序言中有"遵肘令，辨地产，炮制虽繁必不敢省人工，品味虽贵必不敢减物力"，这便成了同仁堂的规范。同仁堂的产品以其用药独特、优质药材的选择、运用精湛的工艺和卓越治愈效果的美名享誉海内外。它能有这样的声誉，和它"济世""养生"的企业文化有着很大的关系。尽管只有四个字，但却具有自己的特点，里面包含着强大的文化内涵、人性和伦理价值。同仁堂在长期经营实践过程中，追求的就是一种诚信的文化。"炮制虽繁必不敢省人工，品味虽贵必不敢减物力"这正是同仁堂的

"堂训"。同仁堂的所有新员工,必须背诵这两句话,让他们自觉地行动起来。正是由于运用这种精神和道德力量来教育员工,同仁堂才能一直享誉国内外并深受社会整体的信赖,成为中国知名的老字号企业。

案例三:安然公司的破产

安然公司在美国是规模最大的天然气和能源交易商,其资产已经达到498亿美元。《财富》杂志曾经连续4年将其评为"美国最具创新精神的公司"。在2000年《财富》世界500强排名中,它居于第16位,哈佛商学院将它作为一个从旧经济体转向新经济体的典型例子。但是它突然一夜破产了,"安然"的神话也跟着消失了,这引发了世界范围的热烈讨论。杰克·韦尔奇从企业文化的观点认为:"安然失败的真正的理由是进入了他们不太理解的文化中。"舆论调查称安然的丑闻为"诚信危机"。有一篇文章讲道:"安然、安达信等公司不是破产就是濒临破产,这些公司的失败离不开少数人的错误影响。这些人的价值观在公司的文化中逐渐发展,而这种文化只是看重个人业绩,限制了所有员工的发展。"这就是由于企业文化不健全导致的。《安然帝国梦》一书中说道:"鱼从头烂起——安然破产了,是由于他的领导者在道德、伦理和经济上垮了。"其作者还揭示了一个这样的事实:安然公司的一位前总裁由于决策失误给公司带来20多亿美元的巨大损失,但她却能拿着1亿多美元的收入离开公司。在破产的9个月前,安然公司还花费4000多万美元买了一架飞机。这本书中揭示了安然公司管理人员"唯利是图文化""压力文化""成王败寇文化"和"贪腐文化"存在的原因。正是由于这种文化才导致了安然公司的破产。

从上述两个案例可以看出:诚信的文化非常重要,它是企业经久不衰的关键。建设企业诚信文化的途径和方法有很多种,没有适用于所有企业的一种固定方法,最主要的是要根据企业的实际情况选择合适的方法。要做到诚信内化于心,使员工自觉遵守诚信。

5.3.3 企业文化与企业诚信文化

5.3.3.1 企业文化

据调查统计，国内外学者对企业文化有 100 多种定义。最具有影响力和最具有代表性的被归结为三类：第一类是"总和"学说。企业文化是企业物质、企业精神文化的和，是企业硬件与软件的结合。硬件指的是机器、产品、厂房等固定有形的文化。软件指的是企业的管理制度、行为模式等无形的文化，是基于人的精神的各种各样的文化现象。第二类是"同心圆"学说。企业文化中包含着三个同心圆：最外圆指的是物质文化，包括企业设备和产品等；中间圆指的是系统文化，包括企业人际关系和领导制度等；最内圆指的是精神文化，包括行为规范和企业的价值观念。第三类是"精神现象"学说。企业文化指的是企业具有其职业素质的各种精神现象。它是企业精神、思维和行动的一种表达方式，它以价值体系为主要内容，是企业经营过程中由全体成员形成的一种行动规范、价值观念。从很多企业文化的定义来看，企业理念和企业价值是企业文化的中心，也是企业生存和发展的向导。技术是可以学到的，制度是可以制定的，但所有员工追求的企业文化和伦理的模仿是非常困难的。不同的企业在成长的过程中可能形成自己独特的价值体系，但是诚信文化作为企业文化的中心，这一点所有企业应该是相同的。著名的美国管理学家沙因在 *The Corporate Culture Survival Guide* 中讲到，企业文化再创造在企业发展的不同阶段具有推动的作用，而诚信是企业文化和核心能力的基础，这将会是永久存在的。

5.3.3.2 企业诚信

诚信，经常被看作是中国人立足于世的根本。在传统的文化中，诚信是道德文化的中心，也是儒家伦理的基础。所以，诚信和文化有着一种密切的联系。企业诚信的基本内涵包括"诚"和"信"两个方面:"诚"本来的意思是诚实和诚恳。孟子曰:"诚者,天之道也;思诚者,人道也。至诚而不动者,未之有也;不诚,未有能动者也。"荀子曰:"天地为大,不诚则不能化万物;圣人为知,不诚则不能化万民;父子为亲,不诚则疏;君上为尊,不诚则卑,君子养心莫善于诚,至诚则无他事也"(《荀子·不苟》)。"惟天下之诚为能化,君子诚之为贵"(《中庸》)。"心诚求之,虽不中,不远矣",所谓"诚其意者,毋自欺也"(《大学》)。周敦颐说:"诚,五常之本,百行之源也,诚者,圣人之本。大哉乾元,万物资始,诚之源也"(《通书·诚下》)。从这里可以看出,古人把"诚"看作是做事的最高道德标准,把"诚"当作做人的根本。"信"本来的意思是信用和信任,是正直和非欺骗的意思,来自信仰、诚意、别人的语言。"信,诚也,从人言"(《说文解字》)。信是与诚相伴而生的,是古代的道德规范,以后又成为儒家着重提倡的道德规范之一。孔子把"信"作为"仁"的重要表现之一,要求"敬事而信,谨而信"(《论语·学而》)。"人而无信,不知其可也"(《论语为政》)。孟子曰:"可欲之为善,有诸己之为信"(《孟子·尽心下》)。司马光曰:"夫信者,人君之大宝也。国保于民,民保于信。非信无以使民,非民无以守国。是故古之王者不欺四海,霸者不欺四邻,善为国者,不欺其民,善为家者,不欺其亲。不善则反之,欺其邻国,欺其百姓,欺其兄弟,欺其父子,上不信下,下不信上,上下离心,以至于败"(《资治通鉴》卷二),因此在古人眼中,"信"是人的基本道德标准和原则。从"诚"到"信",诚信便成为古代最基本的道德原则和标准。企业诚信是指企业遵守法律、诚实可靠、诚实待人,在市场经济活动中给予他人信任。诚信在道德、法律、经济等方面具有重要的价值,它是企业成功的关键,也是企业无形资产的重要一部分。

5.3.3.3 企业诚信文化

企业的诚信文化是企业文化的重要组成部分,它是企业的精神文化,包含了以下内容：

（1）企业的良好传统。企业的经营都需要有其独特的方式，其优良传统的形成都离不开诚信。尽管不能肯定所有的企业都是将诚信贯彻到底的，但可以肯定的是，不讲求诚信的企业是很难持续经营下去的。正如林肯说："你暂时可以欺骗所有的人，或者你永远可以欺骗一些人，但你永远做不到欺骗所有的人。"企业优良的传统，对于企业内部来说是激励，对于企业外部来说是传播，因此企业的优良传统是诚信文化的重要组成部分。

（2）企业的伦理道德。企业的伦理道德是离不开传统的，但它具有时代的特点。在供需网的环境中，顾客对产品、服务、品质、价格有更多的选择，保护其正当权利和利益的意识在逐渐增大。这需要企业严格遵守道德，限制约束自我行为，友好对待所有客户。如果骗了你的顾客，他们可能不会直接责怪你，但他们可以用最有效的方法来"回报"你——不但自己停止购买你的商品，还能让更多的人也不再去购买你的商品。企业伦理道德最基本的就是强化信用优势的理念，不论从原材料采购到产品生产，还是从成本计算到售后服务等方面，企业都要密切关注，认真对待。如果这成为领导和员工都能自觉遵守的习惯时，企业的诚信文化就会有了一定的保障。

（3）管理团体和员工的诚信。尽管管理层的团体诚信与企业诚信并不能等同，但是前者是后者的主要部分。企业的高层管理的信用度在某种意义上代表着企业的诚信，高层管理者在从事外部业务时，他们是企业的代表，他们的言行举止会对企业的形象产生很大的影响。在公司内部，他们是高层管理者，他们的业务能力、自身素质以及工作风格等经常影响决策的准确性和员工的情绪。与此同时，他们也是诚信文化的引领者，所以管理层诚信是企业诚信文化的重要内容。员工的个人诚信是企业伦理道德的基础，员工是建设企业诚信文化的主要部分，其言行都必须遵循职业道德规范，例如，严格遵循职业道德、严格遵循职业纪律、爱岗敬业；对技术要有创新、热情体贴客户；与同事和谐相处，互相帮助；文明礼貌地与他人沟通。员工在上班期间可以谈论报酬和福利,这是允许的,不是禁忌。但是在合理合法下取得的收益才是正确的,通过诚实的劳动、合法的途径取得收益。员工应该负责任,诚实地对待社会、企业和家庭,做一个爱国的公民、尽职尽责的员工和尊老爱幼的人。如果能自觉做到这些,就为企业诚信文化奠定了基础。

(4)企业的制度文化。如果把道德规范看作是"软件制约",则制度文化就是"硬件制约"。道德的功能是教育人不要违反法律法规,而法律的功能则是对违反法律法规的人进行惩罚。一个是教育,一个是惩罚,二者一起使用,相辅相成。企业制度能协调企业和员工的行动,从而促进企业的发展,即规定员工要做什么,不要做什么以及各自对应的结果是什么等,这是企业不能缺少的。如邮政以其许多严格的规章制度而闻名,但是如果邮政公司的制度不严格,很难确保社会的正常运营和大众对它的高度信赖。企业制度文化通过不断地改进,自然就变成企业诚信文化的基本保证。

5.3.4 供需网环境下企业文化的新发展

SDN 环境下企业经营环境发生了新变化,表现为属性信息的共享化、市场空间和资源获取的全球化、生产作业的弹性化和定制化、技术研发的合作化、组织结构的柔性化等,这些变化对企业文化带来了新的要求。具体表现为:高度信赖的文化、开放合作的文化、学习型文化。

5.3.4.1 高度信任的企业文化

在 SDN 环境中,不具有高品质、低成本的节点企业无法在全球经济中竞争,无法生存。"高信赖"的文化是实现高品质、低成本的前提。可靠的企业可以建立内部和外部员工、客户、供应商、同行企业和相关机构和个人的有意义的合作伙伴关系。这种合作伙伴关系,为提升生产力、降低成本、实现新的市场价值和高收益创造了良好的条件。可信赖的企业文化是建立伙伴关系的基础，特别是在 SDN 的虚拟空间中，可以为了获得合作伙伴和终端用户的完全信任，这是企业成功的基础。高度信任的企业文化表现为诚实正直、有专业意识、有责任心、强调信心和尊重他人，这意味着每个人都能营造出认真工作的文化氛围。在这种非常可信的文化中，民主管理和自律将成为现实，上级管理者将敢于授权，否则将有失控的风险。在企业之外，企业与客户的关系、与供应商的关系、与行业竞争对手的关系，必须公正、互惠、互利，才能达到未来的共赢。

5.3.4.2　开放合作的企业文化

21 世纪的互联网时代为人类社会构筑了广泛的交流和沟通的渠道，并为各种企业建立了国际性的合作场地。基于互联网的供求网络，完全损人利己的对抗性竞争的时代已经结束，为了发展必须合作，在合作中求得发展优势。SDN 模式可以弥补单一企业战略资源的短缺，共享自身价值链的优势，获得市场。同时，节点企业可以互相学习，共同努力，培育核心竞争力。因此，要求企业形成开放的合作文化。在组织之内，管理层的经营者和基层的员工倡导相互合作，平等对待。企业经营者会更诚恳、真诚地评价员工、股东和与他们的利益。在组织之外，要尊重合作伙伴、理解客户的需求，实现彼此的价值，建立相互信任与合作的新关系，共同为最终的消费者提供高价值的产品和服务。企业真正以开放的心态，与原来的竞争对手合作，形成战略合作伙伴，从事共同研究开发、合作生产、共同营销等工作。

5.3.4.3　学习型文化

学习型文化意味着整个企业融入了浓厚的学习氛围，每个成员在坚持学习和创新上都有优势。学习型文化有四个特征：

第一，强调"终身学习"。组织成员必须形成终身学习的习惯，树立"学海无涯"的概念，经常发现、解决工作中出现的问题。

第二，强调"全员学习"。企业的决策水平、经营水平和运用水平，是建立在提高各类人才的学习能力上的。特别是，决策水平决定了企业的发展方向和战略，所以需要持续学习。

第三，强调"过程学习"，即学习必须在计划、执行、控制和其他相关组织系统活动的整个过程中执行。

第四，强调"群体学习"。组织不仅要加强个人的学习和个人的智力发展，还要强调组织成员的共同学习和集体的智力发展。

供需网能够创造性地进行全球学习，形成全球范围的学习系统，以保持 SDN 系统的协同发展：

（1）供需网在全球范围内，提供给每个成员企业一个持续地向战略伙伴学习的机会，即创造了一个分享知识和互动学习的环境。在每一个合作周期内，成员企业之间具有比较稳定连续的交流过程，有利于企业新知识在合作伙伴内部有效转移和企业内部顺利转换。

（2）供需网的各加盟企业均是不同国家和地区的，他们在知识结构和文化背景等方面存在着较大的差异。这样的差异有助于企业进行学习和创新。Almeide 通过研究得出，文化距离可以有效刺激对不同国家的学习热情，有助于企业之间的相互了解，也有助于企业之间知识的互动。不同的文化背景也有助于企业组织的发展。加盟 SDN 的企业，它们之间的文化背景和知识的差异性便成为企业创新的一个主要来源。

（3）供需网是通过基于命令链的常规层级结构的一种模糊组织边界。因此，企业可以灵活地选择自己的合作伙伴，以适应自己的学习需求。学习的成果主要来源于合作伙伴信息的优势，这种灵活性对企业建立广泛的功能性合作伙伴关系非常重要，即能与处于持续变化之中的国际竞争环境和世界大发展的动态在同一维度上。

过去的 20 年，世界 IT 产业巨头微软的成功与学习型文化和学习型组织密不可分。微软公司从之前的经验中总结，公司的全体员工都在学习，持续的创新，不断地超越自己，通过"员工个人检视、信息反馈、相互交流、汲取进步"，解决了具有许多人才的公司容易被傲慢、极端的个体组织所替代的问题。微软公司最终进入世界市场，成为信息行业的领头人。

5.3.5 构建诚信文化的互动机制

企业要建构一种良好的企业诚信文化，需要建构三种诚信互动机制，即企业与最终消费者（顾客）之间的诚信互动机制，企业与员工之间的诚信互动机制，以及企业与合作伙伴之间的诚信互动机制。

5.3.5.1 构建并优化企业同最终消费者（顾客）之间的诚信互动机制

（1）构建前提。

① 确立最终消费者（顾客）是企业若干利益相关者中的"关键相关者"的观点。对一个企业来说，不同利益相关者的战略地位是不一样的，在整个企业信誉影响因素中最具有战略意义的是它同最终消费者之间的信任关系。

② 牢记企业同顾客之间是一种服务与被服务的关系。"顾客是上帝"意味着：无论企业处于价值链的什么位置，企业能否因获利而生存，取决于价值链的唯一现金流入点——顾客。

（2）构建要领。

①"从顾客中来，到顾客中去"是基本原则。企业要在与顾客的持续互动中，建立卓越的相互信任机制，通过时刻了解顾客的需求和流行时尚的细微变化，真正将"顾客利益高于一切"落到实处，如制造企业要把诚信建设落实到严格生产标准、完备生产条件、确保产品质量上。

② 把顾客忠诚度作为各部门业绩考核的核心指标。尤其是对营销部门，第一位的指标不应该是销售额，而是获得了多少具有高忠诚度的顾客。

③ 不要让顾客等待，必要时应向顾客作出承诺。无视等待是对顾客的不尊重。由于有许多不可抗拒的、不可确定的因素，即使顶尖的企业也难以 100%做到人人满意。然而，一些领航企业、成功企业会比其他企业做得更好，这是因为他们在必要时给顾客及时作出了承诺。

④ 创建一个出色的互动价值链。交易过程是公司与客户之间的互动过程，涉及价值观、情感和观点等。简而言之，它是基于情感和价值观的，即使是一次性交易也是一个完整的过程，是一个伴随诚信链的价值链的形成过程。必须仔细、具体地研究此交互式价值链的含义、性质和特征，以找到帮助客户从链条中受益的实际途径和方法。

⑤ 高层领导者直接面对客户。在许多情况下，高层领导甚至首席执行官都需要直接面对客户。GE 首席执行官伊梅尔特每天与客户交谈的时间占工作时间的 20%，美国一家咖啡店老板在包装袋上印了自己的电话号码，都是为了与客户进行密切的联系。

5.3.5.2　构建并优化企业与员工之间的诚信互动机制

主要处理好以下几种关系：

（1）处理企业经营和人员经营的关系。可以说，建立诚信的核心是诚信的人员去管理经营。商界认为，除品牌外，公司的所有资产都是负债。实际上，品牌也有相应的债务含义。如公司品牌是公司道德、公司声誉和公司忠诚度的积淀，多年来已被烙印在产品、服务和业务中，这些资产是公司长期管理经营的结晶。如"可口可乐""麦当劳"或"海尔"等，他们能够成功在于一直坚持将这种管理思想作为公司的管理精神。

（2）处理好企业发展同员工个人发展的关系。将员工的生涯目标、学习目标与企业的工作目标结合起来，并定期协商修订。企业主管在这方面应充当教练和导师的角色，一是协助员工建立生涯规划并协助其达成规划目标；二是分析员工的观念、态度、知识及能力的不足，并协助其成长；三是将对员工的任务指派作为学习计划的一环，在工作中学习，在学习中成长。通过把个人目标同化于企业目标，使企业不再是一个因相互利用而聚集起来的群体，而是一个由具有共同的价值观念、精神状态、理想追求的人凝聚起来的组织。这样的组织，其整体利益已溶入各员工的利益之中，员工已不需要实物的激励，更不需要监督，企业的运行成本将大大降低，信誉将大大增强。

(3) 处理好个人诚信与组织诚信的关系、私人之间的诚信与工作之间的诚信的关系。既要把二者分开，又要善于结合。当出现矛盾时，一是折中权衡，找到二者的完美平衡点；二是组织诚信与工作诚信至上，个人诚信服从组织诚信，私人之间的诚信服从工作之间的诚信，追求整体效益的最大化。

5.3.5.3 构建并优化企业与合作伙伴之间的诚信互动机制

供需网是由企业、企业联盟、最终消费者共同组成的网络结构。通过供需信息的驱动，网络结构中任意节点之间都可以建立起供需合作关系。如何选择合作伙伴，如何提高合作效率，诚信互动机制尤为重要。

(1) 建立企业信誉评价体系。这是保证合作双方诚信经营的重要机制，其基本内容包括：一是利用计算机和网络技术，在法律允许的框架内广泛收集和加工处理企业的信誉信息，形成数据库，建立所有企业的信用档案；二是开展企业信誉评级制度，加大政府对企业信用评估的监督，培育多元的社会信誉中介机构；三是建立企业信誉信息共享机制。通过信誉信息交换平台共享供需网节点的信用信息和声誉信息，使不诚信行为无处可藏，以便控制信誉风险，提高企业正确选择合作伙伴的决策能力。

(2) 制定和应用不同层次的诚信理念和规则。处于供需网中的两个或多个企业之间的目标实现可分为三个层面：一是达成共同目标的层面。在该层面上，各企业为了实现共同的战略目标，应制定绝对一致的诚信理念和规则。二是达成互补目标的层面。在该层面上，定制相对一致的整合性的概念和规则，通过互补合同实现的目标的互补性和交叉性。三是实现自己的独立目标层面。在该层面上，应相互尊重各自的"隐私"和文化背景，使双（多）方仍然相互保持各自独立的诚信体系。

(3) 发挥企业联盟中核心企业的诚信作用。当前供需网中存在着供应链，它是供需网中企业联盟的主要形式。它是为满足顾客需求，由核心企业发起的，由供应商、生产商、经销商、零售商、物流商及最终用户所组成的网链式企业集群。核心企业可以是供应链中除最终用户以外的任一企业，它在供应链诚信建设中起到关键作用。下面结合维信集团案例进行简要说明。

维信羊绒集团创建于1992年，主要经营生产羊绒系列制品。在以维信集团为"链主（核心企业）"的羊绒制品供应链的各企业中，维信集团从供应量整体出发，采取了一系列诚信互动措施：一是为提供原料的牧民制定了价格优惠，提出"最低保护价""二次结算"和"高补低不退"等方针。二是成立羊绒研究中心，并无偿选择良种羊送给牧民，取代其品种已退化了的山羊。每年配种期，集团把种羊无偿提供给当地牧民，同牧民签订购羊绒合同，牧民保证按市场价将羊绒卖给维信公司。这些措施，不仅提高了牧民的收入，也有效提高了内蒙古自治区白山羊羊绒的品质。从1998年起，维信集团连续三年获"中国十大品牌"和2002年"免检产品"的殊荣，集团董事长成为"全国五一劳动奖章""全国光彩事业奖章"获得者。在其获得成功的诸多要素中，供需联盟内各节点企业间的诚信互动机制起到了极其重要的作用，关键之处是维信集团作为核心企业带头作出的诚信之举。

5.4 基于企业信用管理的信誉创建

企业信誉始于企业的信用和声誉，信用是信誉的基础，信用缺失会产生信誉危机，企业信用管理是企业信誉维护与积累的重要手段。

5.4.1 信用缺失产生信誉危机

（1）信用的本质。信用指的是基于某种事先约定，以偿还或增值为基本特征的价值运动的经济活动。企业运营过程的可持续性要求各类供需流（资金流、商品流、生产要素流、技术流、人才流等）的有机结合和协调，从而实现"资金—供需质—增值的资金"的循环往复。然而,在企业经济运行中,由于内外部环境的不确定性,供需失衡客观存在,导致投入的资金无法按时、足额收回或需要更多的资金(由于供不应求或出现了新的市场机会)。为了解决资金不足的问题,确保企业的日常生产和持续扩张,企业必须通过向银行借款、向市场发行股票,或赊购各种生产要素(设备、原材料、技术、人员等)等方式补充暂时的资金短缺,等待资金充足时予以偿还。

(2) 信用的种类。企业信用作为供求交易过程中企业与相关实体之间形成的信任关系,包括四种基本形式:银行信用、资本信用、商业信用和产品信用。反映金融机构、出资方、交易方和产品购入方之间的信任关系。银行信用是银行向企业提供的信贷,可帮助企业解决暂时的流动资金不足问题,反映企业与银行之间的信任关系。资本信用是企业为了获得长期资金在资本市场发行股票或债券等筹资活动,反映企业与投资者之间的信任关系。商业信贷是指在购买生产要素期间延期付款,反映企业与上下游供应商及零售商之间的信任关系。产品信用是指顾客对企业产品、服务质量和合同遵守的预期,反映企业与最终消费者之间的信任关系。上述四种信用形态呈现一种环型链状结构,并且通过影响企业再生产的一个或几个环节制约着企业的生存和发展。

(3) 信用缺失的传导机制。市场经济是信用经济,企业必须遵循诚信原则履行信用契约。但在实体经济中,由于主客观的原因,企业不能兑现信用契约,这是企业信用不足的表现。信用不足可能是由于企业没有及时向银行偿还本息造成的银行信用不足,或因未能按时偿还赊销的账款而引起的商业信用不足,或因投资承诺的随意变化引起的资本信用不足,或由于假冒伪劣产品导致的产品信用不足等。

信用不足会给企业带来经济损失和信誉下降,也会带来了信用风险。在特定条件下,企业信誉短缺将持续积累和扩大,这将导致由单一的信用链发展到所有信贷链的缺失,从浅到深,进而导致资金断流、停产乃至破产,引起企业信用危机的发生。企业信用缺失的传导机制见图5-8。

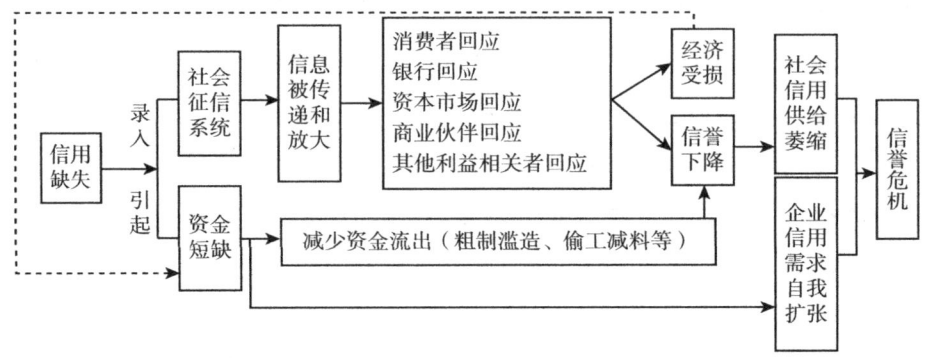

图 5-8　企业信用缺失的传导机制

供需网中的节点企业的相互影响及信息传播理论和心理预期的相互作用，导致企业信用缺失在一定条件下能够传导和累积：

一方面，企业信用状况的恶化会导致社会信用供给过度萎缩，即企业失信的信息通过各种渠道进入社会征信系统。在向外发展的过程中，信誉评价系统不断被强化、扩大。在确认了信息的可靠性之后，接受信息的相关主体采取了保护自己利益的行动。另一方面，企业信用状况的恶化，导致企业的信用需求的扩大，即企业信用不足的严重化。经营者通常采取措施减少现金流出量，增加现金流入量。为了减少现金流出，企业难免降低生产和服务标准，可能出现偷工减料、粗制滥造等行为，这进一步损害了企业信誉，使信用供应进一步萎缩；同时，为了增加现金流入，企业只能高成本地扩大信用规模，进而加深了对外部资金的依赖，并刺激新一轮信用规模的扩张。

图 5-8 表明，通过企业信用需求的过度扩张和社会信用供给的过度萎缩，形成了恶性循环，导致企业信用缺口不断扩大，资金循环受阻，企业再生产中断，最终引发企业生命系统全面危机，直至崩溃倒闭。

5.4.2　企业信用管理的误区

由上一节的论述可知，企业的信用缺失能引发信誉危机，并最终导致企业生命的终结。为了摆脱这种恶性循环，促进信用行为的良性循环的形成，企业必须重视企业的信用管理。

企业信用管理实践起源于1830年的英国和1837年的美国，其标志是征信公司及相关的调查服务业的出现。当时的信用管理（Credit Management）是指对企业赊销进行科学管理的技术，目的是提高企业赊销的成功率和金融机构发放贷款的成功率，它主要包括客户的档案管理、客户授信、应收账款管理和商账追收四大基本功能，可称之为狭义的信用管理，即授信管理。这是国外信用管理研究的主流内容。

在本书写作过程中，综阅我国有关企业信用管理方面的学术文章和著作，结果令人惊讶：我国理论界和企业界普遍存在着一个认识误区，把企业信用管理等同于授信管理，或把企业信用管理指望于企业外部机构（国家、政府部门、中介机构）对信用制度与环境的建设，主要观点如下：

（1）企业信用管理的职能是客户档案建立、授信分析、应收账款分析和管理。

（2）企业信用管理包括前期管理的企业资信调查和评估机制、中期管理的债权保障机制和后期管理的应收账款管理和回收机制，以及在企业内部建立信用管理的部门，即"三机制一部门"。

（3）政府对企业信用的监管。企业信用管理是指工商行政管理部门和有关执法管理部门依据国家法律法规，对企业设立后的信用信息进行收集、登记、记录、评估奖惩，并采取一定方式向社会公示的企业信用监督管理活动。

（4）中介机构对企业信用的管理。主要包括对企业信用信息和信用行为的管理，如注册登记、年检、建立"经济户口"、查处违法欺诈等。

从（3）（4）的角度来定义和研究企业信用管理已经存在的局限性，企业信用管理的主体应是企业本身。基于（1）（2）的观点，一些企业将授信管理作为企业信用管理的主要内容。实际上，陈晓红教授等在2003年已提出了包含企业授信管理和企业受信管理的企业信用管理的全过程控制法，但至今并未引起理论界和企业界的重视。正是由于企业对受信管理的忽视，使企业把焦点放在如何让别人守信用的管理，而不关心自己如何恪守信用，结果造成我国企业的信用水平存在差距、"三角债"严重。针对我国目前的国情和信用发展阶段（初期阶段），企业必须从我做起，从自身做起，注重受信管理，并把受信管理与授信管理相结合，才能从根本上解决企业和社会的信用缺失问题。

5.4.3 受信管理与授信管理的区别与联系

信用作为价值运动的特殊形式，包括相互联系的两个方面：授信与受信。授信与受信均是企业信用不可或缺的组成部分。所谓授信是指在信任基础上，授予他人的信用；所谓受信是指在履行预先约定（主要是承担信用偿还或增值义务）基础上，接受他人给予的信用。在供需网环境下，企业既是受信者，同时又是授信者。作为受信者，它要接受银行、商业伙伴、消费者所给予的银行信用、商业信用等；而作为授信者，则要为其利益相关者提供赊销、借款等信用。与上面对信用的划分相对应，企业的信用管理也划分为两个方面：授信管理与受信管理。谢旭在《突破信用危机》一书中，将企业授信管理与受信管理运作过程细分为三个子过程：前期信用管理阶段、中期信用管理阶段和后期信用管理阶段，并由信用经理具体负责实施，其企业信用管理过程控制方法流程见图 5-9。

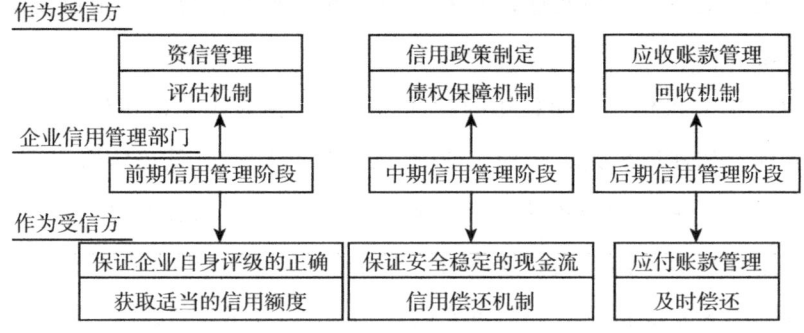

图 5-9 企业信用管理过程控制方法流程图

授信管理是指企业对企业授予外部组织的信用进行的管理,主要包括客户档案管理、客户授信管理、应收账款分析评估和追收管理等方面。企业授信管理的目的是通过合理有效的措施,减少客户失信行为的发生以及失信行为给企业造成的损失。受信管理是企业接受他人信用,为履行信用合约所进行的自我管理,主要包括客户合同管理、债务管理和信用危机管理等。企业受信管理的目的是避免因企业的失信、违约而给企业信誉带来损失。授信管理和受信管理的区别见表5-3。

表5-3　　　　　　　授信管理和受信管理的区别

	管理对象	管理目的	主要内容
授信管理	消费者、商业伙伴等利益相关者	防止对方失信行为和坏账损失	客户资信管理、应收账款管理等
受信管理	企业自身	防止企业自身失信行为,维护和提升企业信誉	债务管理、合同管理等

作为企业信用管理的两个有机组成部分,授信管理和受信管理尽管管理的侧重点不同,但二者是紧密联系、相互作用的,共同服务于企业信用管理目标。

首先,受信管理是信用管理的基础和前提,也是保证信用管理成功实施的重要保证。企业只有自身恪守诚信,积极履行信用义务,进行受信管理,保持良好的企业信誉,才能在市场中生存下去,也才能有资格要求其他组织讲求信用、遵守信用交易。如果企业自身不履行信用义务,要求其他企业履行信用义务便会成为空谈。据统计,我国89.3%的企业受到不守信用的伤害,但也有87.3%的企业有违约失信记录。

其次,授信管理是企业受信管理成功实施的重要条件。对于大多数企业而言,都存在着授信和受信两个方面,授信是企业资金流的流出,受信是企业资金流的流入;各个企业之间的受信和授信关系,形成资金流入流出网络。如果企业授信管理不善而造成资金流入受阻,就会影响受信管理,可能无法保证借入资金顺利偿还。授信管理的成功实施有助于企业资金的快速、及时回笼,提高流动比率,从而有助于降低负债经营的风险,有助于企业信用的维护和提升。

从以上分析不难看出，虽然受信管理和授信管理的侧重点不同，但是二者共同归属于企业信用风险治理体系，存在紧密的联系。因此，企业信用管理既要重视授信管理，以保证企业自有资金的及时足额回笼，为企业的自我发展打下坚实的基础，更要重视受信管理，它能维护和不断提升企业信誉，为企业的发展赢得外部资源。

5.4.4 受信管理——对企业自身信用的管理

目前，理论界对授信管理讨论的较多，授信管理的理论和方法也比较成熟。本书的研究目标是如何通过企业信用管理提升企业信誉，以下部分将对受信管理的主要内容和手段进行探讨。

5.4.4.1 企业债务管理

企业债务主要包括银行的负债和应付账款。作为受信人，企业在接受信用前必须正确估计信用水平，不应该过度受信。如果所取得的信用量比企业能力高，则很难保证后续信用及时偿还，最终致使企业信用状况下降，增加将来资金筹措的困难。

如果受信额度正确，下面两种情况可能导致企业信贷危机：第一，由于企业经营不良而引发的金融危机。当然，企业的营业损失不一定马上导致信用危机，最终侵害企业的是不能支付的净资产，并导致无法支付负债的结果。第二，现金性财务危机，指的是现金流出超过现金流入，无法支付到期负债的危机。企业销售额增加，利润不高的时候，债务危机可能会突然发生。因此，企业负债管理的基础是现金流量管理。现金流量管理的主要目的是实现现金预算收入和支出之间的平衡，防止大量现金流失，防止大量使用现金，影响资本使用效率，避免因现金短缺造成支付困难而影响企业声誉。

现金支出是指原料、工资、税金等日常性支出和银行贷款及应付账款偿还的总额。企业的现金收入主要包括贷款、资本增加、股票升值（作为外部资本）和销售收入（作为内部资本）。现金支出与现金收入的平衡，不仅需要数量的等同，而且需要大致相同的时间波动。对企业来说，由于现金预算与实际背离导致信用不足，常常出自内部资本，这是因为企业销售商品的两种基本方法，即现销和赊销。与现销相比，即赊销有助于减少商品积压；与现销相比，赊销可以帮助减少商品的过剩库存，并减少资本占有和具有的其他优势，但这意味着现金流入的时间不符合实际流入时间，导致不良债权的可能性也很高。大多数企业的现金收支出现问题的主要原因是由于应收账款难以收回，而且这与时间和数量有关，导致现金支出和现金收入之间的不匹配。企业日常的现金收入和支出预算的主要支配要点是应收账款。主要指标之一是应收账款的现金回收保证率，它指的是当期企业资金缺口占应收账款总额的百分比，企业只有收到一定比例的应收账款，才能保证企业资金没有缺口，应收账款现金回收保证率反映了应在规定的会计期间内用现金支付的支付金额和扣除各种可靠现金源后的差异。这种差别是应收账款的最低保证限度，是管理应收账款水平的基础。如果不能满足这个标准，企业的现金收支将严重不平衡，则不能支付那些不能延期和不能交换的到期负债，企业的信用就会受到损害。

债权人的权利保证机制是偿还债务机制的基础。企业应建立应收账款的整体流程管理制度，对整个企业经营和经营流程主要业务链和部门进行综合风险管理，包括客户信誉调查和评估、交易决策的审核和应收账款专项监督。第一，实施顾客信用管理制度。该管理系统包括以顾客信息资源、信用调查为中心的"顾客信息管理制度""信用调查制度""顾客信用等级管理制度"在内的标准化管理的集合。对顾客的过度信赖，是造成企业发生坏账的一个重要因素。第二，建立内部的信用制度。该制度包括"信用申请审查制度""信用限度审查制度"和"交易审批制度"等。通过这些制度，信用关系在企业与客户之间能够得到明确，才能分清所有部门和决策者的权限和责任，并将应收账款控制在适当范围内。第三，改善应收账款的管理制度。经营者分别设立"综合销售分类账管理制度""账龄管理制度""信用客户监控制度""债务回收制度"。这套管理制度的应用可以改善应收账款的管理工作。对于客户拒绝付款或者拖欠账款的情况，首先对现有信用基准及信用审批制度的所有缺陷进行审查，然后再调查和评价不良客户的信誉。把信誉不良的客户从信誉清单中剔除。另外，对拖欠的货款通过各种手段催收并发出警告。如果这些措施无效，可以由法院决定，并且向信用评估系统提交违反合同的记录。

5.4.4.2 企业合同管理

企业合同管理的目标是根据企业签署的合同中指定的指标，以最小限度的总成本提供客户要求的产品或服务。企业合同是企业允诺行为的反映。合同管理是企业信用管理的重要内容。近年来，中国每年签订约40亿份合同，其有效率不超过60%，约16亿份合同不予履约，这主要是因为合同管理不当造成的。

（1）建立规范、标准的合同文本是合同管理的基础。一般来说，合同内容包括当事人名称、所在地、标的物、标的物的数量、质量、价格、履约地点、期限、方式、违反合同的责任及解决纠纷的方法等必要的款项。这些款项，规定着企业利益密切相关的权利和义务，并由当事人双方签名，具有法律约束力。因此，企业签订合同时，有必要仔细研究确定合同条件的具体事项。它不能忽略任何一个事项，必须是明确的，具体细节有明确的记录。我们要关注在合同中运用的措辞的恰当性，并要谨慎、严谨，避免发生损害企业利益的漏洞。

（2）防止订立合同中的过失责任的发生。在订立合同时，双方可以通过接触了解双方的情况，包括技术秘密和商业秘密。《中华人民共和国民法典》合同编规定了合同义务，不能泄露或使用这个秘密；还规定了对订立合同时故意隐瞒与合同有关的重大事项或者提供不真实的信息，致使另一方造成损失的应予以赔偿。当然，也可能通过合同恶意协商给对方造成损害。这是一个更严重的合同疏忽责任，公司应尽量避免这种情况。

(3) 充分履行合同的权利和义务。完整而严格的合同签订并不意味着一切都正常，在合同的执行过程中仍然需要做很多管理工作。首先，以积极合作的方式履行义务，鼓励另一方履行合同，进行合作，对于不履行、拖延履行、不当履行和拒绝履行等行为，尽量防止。其次，合同签订之后，各方必须遵守诚信，并依据合同的性质，目标和交易惯例执行沟通、协调、保密等义务。如果发生交货延迟、付款延迟或不可抗力等因素，将立即通知另一方；一方未及时履行通知义务的，应当对所造成的损失依法给予对方赔偿。

5.4.4.3 建立企业信用危机预警系统

企业信贷危机预警是预测和警告企业信贷危机的出现。一般来说，在企业信用状况恶化之前会有一些征兆。通过这些征兆，我们可以对企业的危机进行事先判断，并采取措施抑制信用危机带来的损失。

企业信用危机预警系统可以在信用危机发生前，监视、测定一部分前兆信号，确立这些信号与信用危机发生的对应关系。其内容包括企业信用危机信息收集、信息处理、防止、警报和其他子系统，见图5-10。各子系统环环相扣，达到防范信用风险的目的。

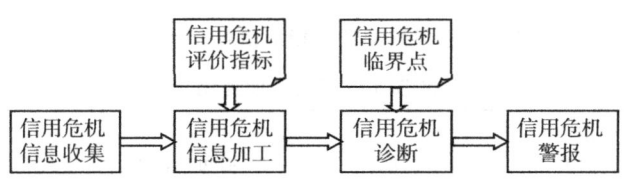

图5-10 企业信用危机预警系统

（1）信用危机信息收集子系统。信用危机信息收集系统主要是收集企业信用危机的相关信息，主要有：

① 企业道德方面的信息。包括企业人员诚信、税务执行、逃税、知识产权侵害、企业诉讼记录等。

② 企业生产经营方面的信息。包括企业异常、价格、购买数量等有关企业生产、运营的信息、异常价格状况及接受订单金额。

③ 企业资产存量信息。包括企业资产库存的异常变化。

④ 企业财务信息。包括：

> 财务报表有歪曲，内部财务账户混乱，没有反映企业的财务状况。

> 经营利润锐减，甚至亏损。

> 产成品过剩，资金断流，日常运营陷入困境。

> 应收账款（赊销）数量过大。信贷额度大，造成应收账款未能收回。

> 债务巨大，造成资不抵债。负债经营，风险高，造成债务危机。

> 固定资产过大，投资效率低。大量的固定资产，造成资金占用，使得可用资金减少。

> 经营成本过大，经营效率则低。

（2）信用危机信息加工子系统。

信用危机信息加工子系统是对上述信息进行整理分类，识别出可以直接利用的信息及需要加工的信息。对信用危机信息进行分类后，将有助于部分的或整体的掌握企业信用风险状况。通过对危机信息进行整理归类及有效地识别后，按照事先制定的信用风险评价指标体系，将信用危机信息转化为可以量化分析的指标值。以工业企业为例，信用风险的评价指标体系见表 5-4，其中包括财务指标和非财务指标。

表 5-4　　　企业信用风险的评价指标信息及其临界点状态（以工业企业为例）

相关指标 \ 产生信用危机的可能性	可能性大	有可能发生	不太可能发生
贷款资产形态	有可疑或损失贷款	无可疑、损失贷款	无次级、可疑、损失贷款
到期信用偿还记录	未按期还本超过 3 个月	逾期 1—3 个月未还款的记录	到期还本或逾期 1 个月还款
利息信用偿还记录	报告期内存在拖欠利息 3 个月以上的记录	报告期内存在拖欠利息 1—3 个月的记录	报告期内存在拖欠利息 1 个月之内的记录
资产负债率	≥80%	70%—80%	≤70%

续表

相关指标 \ 产生信用危机的可能性	可能性大	有可能发生	不太可能发生
流动比率	≤90%	90%—130%	≥130%
经营性现金净流量	<0	=0	>0
现金流动负债比率	≤0	0—20%	≥20%
利息保障倍数	≤1	1—4	≥4
总资产报酬率	≤5%	5%—8%	≥8%
销售利润率	≤4%	4%—12%	≥12%
净资产收益率	≤4%	4%—12%	≥12%
存货周转率	≤150%	150%—300%	≥300%
销售收入增长率	≤5%	5%—11%	≥11%
净利润增长率	≤3%	3%—8%	≥8%
净资产增长率	≤5%	5%—10%	≥10%
领导者素质	管理经验缺乏，销售收入减少，社会信誉差	管理经验一般，销售收入停滞，社会信誉不太好	有丰富的管理经验，销售收入逐年扩大，业绩显著，有良好的社会信誉
企业管理水平	产权模糊，财务制度不完善，财务报表失真，官司缠身	产权制度不完善，财务制度、财务报表质量一般，出现官司	产权明晰，公司治理结构完善，财务制度完善，财务报表真实
发展前景	发展战略模糊，行业发展前景不好，产品竞争力、市场占有率、融资能力、技术水平均较差	发展战略、行业发展前景、产品竞争力、市场占有率、融资能力、技术水平均为一般	有明确的发展战略，行业发展前景好，产品竞争力强，市场占有率高，融资能力强，技术水平先进

资料来源：主要通过"工业企业信用评级指标体系"整理得到。

（3）信用危机诊断子系统。信用危机诊断子系统是将信用危机信息处理（一般为信号或指标）的结果与相关目的、基准（危机点）进行比较，确定危机警报水平及是否发出信用危机警报的过程。假设一系列预设的临界点见表5-4，其诊断模型如下：

$$F = \sum_{i=1}^{n} p_i x_i$$

式中：F——企业信用风险估计值；

p_i——第i项指标的权重；

x_i——指标i的状态得分值；

n——指标的个数。

假设采取10分制对财务性指标和非财务性指标进行无量纲化，且评分标准见表5-5。

表5-5　　　　　　　　　评分标准

分值范围（x_i）	有可能发生	不太可能发生
	4—7	8—10

计算出F后，根据F的大小发出不同级别的预警（F代表企业整体的信用风险水平），见表5-6。

表5-6　　　　　　企业信用危机预警级别

F值	1—3	4—7	8—10
信用危机发生可能性	可能性大	有可能发生	不太可能发生
信用危机级别	红色警报	黄色警报	绿色警报
信用危机防范	高度防范	警惕信用危机发生	避免信用状况恶化

值得指出的是，由于不同产业、企业及时间的不同，企业信用指标重要性、临界点设置、各类数据值等也不相同，应具体问题具体分析。

5.5　基于企业识别的信誉创建

一个企业赢得了信誉，就能在市场上获得生存和发展；丧失信誉，必定被市场淘汰。企业建立信誉的过程，是生存优势形成的过程，也是企业及其产品在市场上接受利益相关者评判和认知的过程。若良好的企业信誉不能被利益相关者有效感知，对企业信誉维护和积累的努力将会事倍功半。本节探讨了企业识别、企业沟通和企业信誉的基本概念及其间的相互关系，提出了基于企业识别的信誉管理模式，该模式为认知和创建信誉资产提供了可操作的管理框架。

5.5.1 企业识别及其特征

企业识别（Coporate Identity，CI）是指企业身份的自我定义。它是通过对企业本质和独特个性的挖掘、设计和传播，使利益相关者了解企业的经营理念、文化特征、产品等，以便使利益相关者对企业产生一致的认同感和价值观，从而营造最佳的企业运作环境。

企业识别作为一种视觉识别手段，源于20世纪50年代。实践中，表现为一些公司通过导入标准化的视觉设计和规范传播系统，达到吸引消费者、争夺市场占有率的目的，其中以IBM公司的CI设计最为著名，因此有人将当时IBM公司导入CI计划视为CI创立的标志。在半个多世纪的发展历史中，企业识别实践活动和理论研究的热潮，使企业识别取得了长足的发展。20世纪80年代，凭借"识别概念""我们到底是谁""公司究竟是为什么而存在"的再思考，日本企业掀起了第二次CI浪潮，形成了全新的CI策划。

同美国式CI相比，日本式CI体系涵盖了更为丰富的内容。它包括三个相互联系的子系统，即理念识别，简称MI（Mind Identity）；行为识别，简称BI（Behavior Identity）；视觉识别，简称VI（Visual Identity）。

（1）理念识别（MI）。它是企业经营哲学的表达，如确立企业目标、策略、价值观、精神等，通常直观地用企业的标语口号、厂歌、座右铭等来表现。当企业理念外化为企业和员工的行为时，它便形成了企业的行为识别。

（2）行为识别（BI）。它表现为企业的公共关系、研究开发等内外活动，也表现为员工的言谈举止、工作态度、服务水准等内外行为。

（3）视觉识别（VI）。它是企业理念的视觉表现，包括企业名称、标志、标准字、标准色的设计及其规范的应用等。

理念识别（MI）、行为识别（BI）和视觉识别（VI）的有机结合构成CI体系。在CI体系中，MI是整个企业识别系统的根本依据和核心，是CI的原动力，若将CI系统比作一个人，MI则是人的思想，BI是人的言行，VI是人的外貌。其中，VI的效果最直观，但VI绝不能脱离MI和BI而孤立地起作用。如果用VI取代完整的CI系统，忽视CI系统内部各要素之间的联系，VI也会变成无源之水、无本之木，进而无法实现企业识别的目标。然而，在实践中，国内有的企业正是将CI策划简单地等同于VI，甚至简单地等同于广告，结果最终使企业的生产经营陷入困境。

CI涉及企业战略，只有从标志或图案等视觉的设计中摆脱出来，用战略的思想对其进行引导，才能使企业识别活动进入科学管理、合理运筹的轨道，具有战略取向的CI具有以下两种突出特征：

（1）独特性。企业要有自己的特色，包括企业文化、经营策略和管理制度，也包括企业名称、标识、广告、口号、品牌等，通过体现自己鲜明个性，形成区分度，有了区分度，社会公众才能把该企业从庞杂的企业信息中识别出来，形成牢固的记忆。

（2）同一性。即企业向外界传达的任何信息要有同一形象，一是表现为企业名、商标名、品牌名的同一性；二是企业内部理念、内部规程与形象传达的同一性。同一性有助于突出企业的个性和特点，进而强化社会公众的印象。

5.5.2　企业识别与企业信誉

企业识别作为企业身份的自我定义，限制了企业采取什么行动、如何作出决策、如何对待员工、对危机作出如何反应等，并约束管理者和员工采取与企业身份相一致的行为，所以企业身份是企业信誉的中枢。

从本质内涵上看，企业识别是由企业战略、信仰与哲学、文化和组织设计构成。企业战略作为核心计划是围绕产品或服务、总体目标及给定市场内所采取的竞争策略和计划展开的。由企业战略产生了活动系统，通过活动系统企业为用户提供了价值。如美国西南航空公司是一家地区性航运企业，它采取一系列策略、计划和活动实现了低成本和低价格。企业的信仰和哲学指的是以企业高层领导人员为代表的、企业所信奉的商业价值和信念，它是公司使命描述的重要组成部分。比较而言，企业文化是指企业成员共同拥有的与企业组织有关的价值、信念和设想。它规定了什么样的员工信仰是重要的，在一定程度上解释了企业和员工的行事方式。一般情况下，企业文化反映了企业领导的信仰、价值观，尤其是当企业拥有一个优秀的 CEO 或曾经有过。美国西南航空公司在其 CEO – Herb Kellerhe 的精神激励下，拥有强大的企业文化，表现为高度珍视企业忠诚、内部合作和对用户的良好服务。这种文化支撑着企业战略，并成为其企业识别的突出因素。组织设计是企业管理者对其组织关系模式的基本选择，包括部门划分、组织层级、管理幅度、员工规模、内部体制和办事惯例。企业利用身份声明来明确说明什么是企业最核心、最持久、最具特色的产品，这也是企业良好信誉产生的合理解释。

企业作为一种拥有自主权的集体性社会角色，能够采取行动、利用资源、签订合同和拥有资产。它除了拥有与同类企业共同分享的核心特征外，还必须拥有自己的独特性。独特性是指与其他所有企业相区别的性质，它使企业面临较小的竞争。在许多国内外文献中，强调企业拥有能产生价值的无形资产的能力是保持持久生存优势的关键。而信誉资产就属于这种难以模仿或替代的、有价值的、具有战略重要性的无形资产。许多学者认为，企业信誉是一种原创型的企业竞争力。

企业识别概念对企业信誉的管理和研究价值还在于它为回答种种有关组织的令人困惑的问题提供了依据，如"我们以何种形象出现在公众面前？我们从公众方面获得什么反馈是最有价值的？对利益相关者的需求应力求作出相应反映，但我们不能改变什么"，等等。

从本书归纳的具有代表性的企业信誉的定义来看，其涉及的术语"前景、成果、期望、感觉"都与对企业的评价有关，而这些评价又与企业的身份声明密切相关。那么企业如何声明自己的身份呢？答案是实施基于 MI、BI 和 VI 的企业沟通是最有效的途径之一。企业的良好信誉，通过有效的沟通使利益相关者感知。从定义中可以看出，企业信誉强调了企业在作为社会角色的自我管理中企业信誉的反馈功能。实际上，这种反馈是从企业利益相关者那里得到的关于企业身份声明是否可靠的信息反馈。

基于上述分析，本书给出一个基于企业识别的信誉管理模式，有助于企业将信誉作为一项战略性资源进行管理，见图 5-11。企业识别是企业信誉管理的起点，它通过基于 CI 体系的企业沟通创建企业信誉，进而导致竞争优势。在信誉管理过程中，反馈和修正对过程的有效性是必要的。

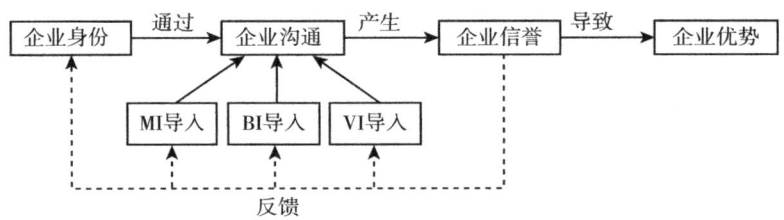

图 5-11　基于企业识别的信誉管理模式

5.5.3　企业沟通

沟通是指利用某种载体，使信息在发送者和接受者之间进行传递的过程。图 5-11 表明，企业沟通是企业识别和企业信誉之间的桥梁，它包括企业与多重利益相关者的沟通，这些利益相关者会通过二次或三次人际关系沟通进一步影响企业信誉。企业沟通的方法和渠道是广泛的，利益相关者会在许多方面受到影响，几乎包括企业所做的每一件事，从电话回应方式到企业日常事务对员工的困扰。下面基于 MI、BI 和 VI 探索企业沟通方法。

5.5.3.1　基于 MI 的沟通

作为企业识别系统的依据和核心，除了在 BI 和 VI 设计时充分体现 MI

外，还应做到以下几点：

（1）企业理念具体化。用一些简明、清晰的标识语使企业员工和公众认知它，如美国 KMI 公司使用"顾客是上帝""质量第一""如果你看到别人不笑，你就对他笑"等口号反映企业理念。

（2）把企业的理念贯穿到企业的言行中。企业理念不是设计出来的，而是企业实践的结晶。理念识别的实施过程，是企业理念根植于企业与员工行为中的过程，通过视觉标识使员工和公众从活动中认知并认同企业的理念。

（3）发展、完善和提升企业的理念。持续开展树立良好企业文化和企业道德的活动，随着时间的推移，当原有的理念已不适应现时情景时，要及时改进，并不断完善和提升。

5.5.3.2 基于 BI 的沟通

企业及其成员的言行是包括公众在内的利益相关者感知企业信誉的最可靠、最有效的途径。企业在对企业行为和员工操作行为实行系统化、标准化、规范化统一管理的同时，还需做到：

（1）珍重日常交往。每个利益相关者是通过企业成员的举止言行来了解企业，企业成员出现问题，可能会影响整个企业的信誉。尤其是企业管理者更是如此，不仅要有良好言行，而且要使员工自觉维护企业形象。利益相关者往往基于与企业成员的日常交往形成对企业的持久印象。因此，应该对员工进行培训和激励，这对于服务行业尤其重要，因为服务过程中人与人之间良好的交往是客户满意的关键。

（2）注重媒体关系。媒体关系是企业沟通策略的关键部分。在国外，很多大企业由公共关系部来管理媒体关系；一些小型企业由高层管理部门承担此项功能。尽管媒体是一个中介机构，但它在企业信誉方面起到重要作用。媒体关注可以引起信誉下滑风险，也可以产生信誉上升潜力，但前者比后者容易得多。

（3）规范企业行为。企业要遵纪守法，诚实守信。如不制造假冒伪劣商品、不侵犯员工利益、不污染生态环境等。

（4）热衷社会公益事业。热衷社会公益事业能有效提升企业信誉，如积极参加扶贫、救灾活动，积极参与社区的环境整治活动等。

5.5.3.3 基于VI的沟通

在CI中，VI包含的可传播性信息最多，VI制作的专业化与精准化程度最高，其传播效应也最为迅速、直接和广泛。心理学研究表明：人们对信息的获取83%依靠视觉。尤其是在供需网环境下，企业和企业之间、企业和消费者之间突破了时空界限，在全球市场范围内进行供需往来，交易双方难以进行面对面的感受和识别，借助于Internet和其他媒介的视觉识别成为了解企业素质的重要手段。

（1）企业命名和商标。此类沟通是利用名称来识别企业及其产品。近年来，许多企业改变了公司名称以便传达其身份的变化。如U.S. Steel Corporation把它的名字改为USX，以表明它实施了多样化经营而非只有钢铁。企业可使用一个或只有一个企业名称与外界沟通，大多数小企业常采用这种类型，有些大企业也使用完全统一的身份声明。当企业拥有大量同类产品或业务时，他们可能以半独立的身份在几种名称下运作，如通用汽车公司有许多品牌汽车。但对生产不同种类的系列产品的大公司，如大的消费品（生产服装、烟草、食品等）公司，会以独立的身份促销不同品牌，在公共场合下，这些品牌彼此之间、与母公司之间几乎毫无关系，而且这些附属公司可能拥有比母公司更著名的商标。

（2）图案设计。图案设计是一个企业的可视性表达，即"可视性识别"的重要内容。用图形系统表明企业商标图案、公司招牌、传播媒体中的广告、契约书、名片、信封、信纸等的设计模式，它包括一致的字体、照片、插图、版面安排和颜色等。服装和车辆的外观设计也属此类别。如同企业命名方式一样，图形设计的关键问题是企业的可视化表达是否合适地传送了企业身份。商标图案是企业图案设计系统的核心，它与企业命名不同，可随时间而敏感地反映企业身份的变化，并赋予企业身份以现代化理念。如百事可乐（PEPSI）从 1898 年首次采用的文字商标，历经 1905 年、1906 年、1940 年、1950 年、1962 年、1969 年、1973 年、1991 年、1998 年、2003 年等多次修正，最后于 2014 年改为目前所使用的设计图标。图 5-12 为百事可乐文字商标的演变过程。

图 5-12　百事可乐文字商标的演变过程

（3）广告。广告的 CI 传播过程，是向公众传达"我公司在某一领域是一个优秀公司"的诉求过程。在供需网环境下的企业要适当地把眼光放在全球范围内，以全球市场为对象来统筹规划广告战略，为了实现良好的 CI 广告地域效应，企业 CI 广告制作即要"入乡随俗"，又要注意广告词、手法、风格的一致性，以便在世界范围内保持一个统一、强大的形象。例如，美国的可口可乐公司，使用 40 多种语言文字持续不断地出现在全世界的报纸、杂志、广播、电视以及体育场、街道、公园等公共场合的广告牌上。这种多方位、多形式、针对性强、不惜重金的广告宣传攻势，使可口可乐在世界范围内几乎达到老幼皆知、家喻户晓的程度。一般来说，良好的企业信誉需要相当长的生长发育阶段，但广告就是信誉的催化剂，加速了信誉的生长。成功的广告策划可以提高企业及其产品的知名度，促使企业信誉在短期内形成，因为先入为主的广告会在人们心理产生一个对企业和商品的美好印象，公众在面对众多从未见过的商品时，其首选动机就来自于广告印象。如果商品名副其实，则短期信誉变为持久信誉，从而成为企业的无形资产；反之，如果商品名不符实，则短期信誉便不复存在，并将成为一种负资本，该企业的其他产品也会受其影响，难以打开销路，即使另外的畅销产品也会由此负信誉而变得滞销。因此，企业要以确实优秀的产品质量和服务作风作为 CI 广告宣传的物质后盾，否则会给人以"金玉其外，败絮其中"的感觉，整个 CI 广告策划将一败涂地。目前，企业广告的发展趋势由直接宣传转变为间接感化，因此，企业要重视公益广告，做好情感投资工作。

（4）企业网站。企业网站是供需网企业实施 VI 的重要窗口。从企业口号、产品包装到产品展示，现代企业正设法将自己的识别信息加载于网站上。尽管利益相关者访问企业网站的目的和动机不尽相同，但均归结为对企业信息的需求，包括产品信息、组织机构信息、市场占有信息、资源拥有信息、产品服务信息和供需交易情况等。在企业网站设计之初，要拥有系统观念，从整体出发，统一设计企业网站平台中的视、听、文字说明、导航和交互等元素，使访问者在浏览网站和享受网站服务的同时，感受到企业的独特、连续和统一，以此促进或加强访问者对企业的认知。这里对"统一设计"提出两方面的要求：一是统一网站内部识别设计。即有意识地在各元素间构建一种内在联系，实际工作中，网站设计涉及的元素主要有：视觉元素，包括构图、图标、辅助图案、字体、图像等；听觉元素，包括背景音乐、响应声音等；交互元素，包括导航方式、反馈方式、输入方式等。二是统一网站与非网站的企业识别设计。即网站平台上体现的 VI 识别特征，与平台访问者在其他领域了解到的企业识别特征能巧妙契合或形成一种相互呼应，使访问者体验到网站与实际企业之间存在一种"归属性"或"共源性"。例如，苹果公司使用一种清新时尚的半透明水晶材质作为识别自己的一个视觉特征，并将此特征融入了不同领域的识别设计之中。这些领域包括 Mac OS X 操作系统的界面设计、Appie.com 中的网页设计以及 Power Mac G4 电脑的机箱外观设计。如果只在某个领域使用这种设计，公众并不会觉得这种视觉设计是一种"特征"，但若将三个领域结合起来,"聪明"的公众立刻能总结出其中的规律,并且自然地将它们归属到一类,进而加深了对苹果公司的认知。

此外,还可利用常规报告和建筑物(办公室、店铺、工厂的外观和内部装潢)进行 VI 的沟通。常规报告包括企业使命、信念和道德规范的陈述、年报告、广告册子等。企业建筑物的设计和办公室及工厂的内部布局也揭示了企业的一些特性,如一系列紧闭的办公室与一个宽敞、开放、彼此可见的办公室相比表达了不同的企业文化。

5.5.4 信誉信息的反馈

信息反馈对获得满意的信誉效果极其必要。只有获得有关利益相关者的感觉的准确信息才能作出正确决策。实际上,关于企业身份声明是否可靠的信息反馈是从企业利益相关者那里得到的。企业的利益相关者通常包括消费者、合作伙伴(包括供应商、批发商和零售商等)、金融机构和金融分析家、股东、政府管理机构、社会活动团体、普通大众和员工。企业信誉将影响这些利益相关群体对企业的支持力度,进而迫使企业识别战略的改变,如美国联合航空公司的财富变化戏剧性地说明了企业信誉信息的反馈作用,该公司曾经是一个纯粹的航空公司,但在 20 世纪 80 年代实行了多样化经营,开发了旅馆和汽车租赁业务,并因此改名 Allegis,以便反映它的新身份。但金融分析家严重质疑这种新战略,继而使其股票价值迅速下跌,最终不得不卖掉多种经营业务,重返其原始战略,并将公司名称改回 United Airline。

很明显,由于每组利益相关者群体所关心的利益不同可能对企业拥有不同的感觉。消费者主要对企业产品或服务的价格、质量和可靠性感兴趣,并日益关心企业的社会和道德行为。金融机构关心的是企业财务结构、业绩和信用。员工关心的是工资、工作条件和人力资源政策等。实际上,一个企业应在多个利益相关者群体之间保持大体一致的形象,在此基础上,单独调整与每个利益相关者群体之间的沟通。原因是:一是各利益相关者群体的切身利益具有重叠性,形成彼此沟通。如金融机构和股东都关心企业的财务、信用和战略性问题,许多股票投资者在很大程度上依赖于金融专家的分析报告。社会活动组织的批评,无论是否有经济上的问题都必定影响企业对消费者、公众、金融机构等的信誉。执法和管理机构密切关注企业的安全记载和策略,这些也是企业员工及其工会的关心所在。二是各利益相关者群体的成员身份具有重叠性。如企业的所有员工同时也是用户,相当数量的员工也是股东。此外,一些企业员工消费者协会的积极分子,可能在特定问题上对自己的企业提出质疑。因此,企业的良好信誉需要有效的沟通和采用长期一致的言行来塑造成功的企业身份。

在理想情况下,信誉信息的反馈应该是不间断的。这些信息从与利益相关者接触频繁的销售人员、公共关系人员、财务经理和其他员工那里得到,基于这种信息输入来管理企业识别和修正沟通方法。在信誉信息反馈方面,除了系统应用非正式信息源外,利用深入的"一对一"访谈或成组访问作为主要研究工具,定期(如每隔1年)实施企业信誉的正规调查和研究是明智的。正规调查和研究可以在企业内部完成,也可以利用外部信誉评价机构完成。目前,西方比较有影响的信誉评级是《财富》杂志的最受推崇的企业排名、由 Reputation Institute 与 Harris Interactive 共同开发的企业信誉商(Reputation Quotient)排名,及邓百氏公司(Dun 和 Brandstreet)、穆迪公司(Moody's)和标准普尔公司(Standard 和 Poor's)等给出信用评级。企业可以综合咨询专家和评级机构的反馈信息作出科学的管理决策。

5.6 基于企业品牌的信誉创建

上一节探讨了基于企业识别的信誉认知与创建,其中品牌作为企业名称或产品商标是一种重要的视觉识别因素。然而随着科学技术的发展和经济全球化,品牌已由单纯的识别标志演变为企业和产品的全方位代表。目前，品牌识别已发展为一门实用学科，实际上，品牌创立的过程丰富了 CI，也完成了 CI 战略的过程。

5.6.1 企业品牌及其特征

自 1931 年保洁公司建立品牌经理制度和内部品牌竞争制度以来，学术理论界开始重视品牌管理研究。20 世纪 60 年代的大卫·奥格威提出品牌形象论，到 1989 年西方管理理论界提倡将"品牌"延伸为"品牌资产"，这些成为欧美跨国企业新的营销战略的理论源泉，逐渐成为一套完善的理论体系。

对于品牌的定义，国内外的学者从不同的视角和层次给予了不一样的定义。其中，美国市场营销协会对品牌的定义最具代表性："品牌是一种名称、术语、标记、符号或设计，或是它们的组合运用，其目的是借以辨认某个销售者或某群销售者的产品和服务，并使之与竞争对手的产品和服务区别开来。"

这些定义为探讨品牌特点和品牌建设方法的系统探讨提供重要参照。品牌一般具有以下特征：

（1）品牌是无形资产。品牌没有实体形式，它依托于企业和产品。品牌是产品质量、特点、性能、用途及等级的标志，它凝聚了企业的特征、精神、文化和声誉，让客户接触到品牌立刻想到企业。品牌表现出的内涵、个性、品质以及特性能创造出品牌价值。例如，可口可乐的品牌价值这一无形资产是其有形资产的几倍，而它产生的利润也远远超过了其实物产品的实际价值。可口可乐的 CEO 曾经这样说过："即使整个可口可乐公司在一夜之间化为灰烬，仅凭'可口可乐'这块牌子，就能在很短时间内东山再起。"

（2）品牌是竞争利器。企业在市场中的形象和地位是由品牌塑造的，是企业占领市场的法宝和资本，是企业与市场之间的连接体。在产品功能、构造等因素有着相同趋势的时代，关键在于其品牌的优越性。强劲的企业品牌，能够吸引新老客户，改善市场覆盖率，占领未来市场份额。根据联合国工业计划署的调查，名牌产品占全部产品的3%以下，其产品的市场份额却占有40%以上，销售额是50%以上。

（3）品牌能提供附加值。品牌的附加值表现为：一是更高的忠诚度。许多顶级的品牌之所以能够年复一年地保持着市场的领先地位，是因为消费者已经十分喜爱这些品牌，并且能够始终如一地购买它们，能够抵制其他竞争者的诱惑，给公司带来稳定的收益。二是中间商更多的支持与合作。一个有着积极形象的品牌，能提高中间商的合作愿望。三是额外的品牌延伸机会。一个拥有积极形象的品牌能够使企业推出合适的新产品形成品牌的延伸产品。而品牌扩展产品的推出，使企业可以凭借专利品牌的知名度赚取利润。如百事可乐公司将品牌延伸到运动系列产品；维京（Virgin）从唱片出版扩展到航空服务、电子产品乃至饮料等。因为品牌资产赋予扩展产品以某些品牌联想，从而降低了消费者和分销商的感觉风险，减少了产品试销成本，提高了促销效率，节约了开发新品牌的费用。

5.6.2　企业品牌与企业信誉

5.6.2.1　企业识别、企业品牌和企业信誉的区别

通过对大量文献的研读发现，尽管企业识别、企业品牌塑造和企业信誉管理已成为近年来理论界和企业界的热门话题，但人们对企业识别、企业品牌、企业信誉的基本概念认识不一，尤其是相对忽视和混淆它们之间的区别与联系。表5-7是对它们的理解和辨析。

表5-7　词义辨析

术语	含义	回答的问题
企业识别	是企业身份的自我定义。通过理念识别、行为识别和视觉识别传播企业的本质特点和独特个性	我们是谁

续表

术语	含义	回答的问题
企业品牌	是产品和服务属性、历史声誉、广告方式等的总和，一个品牌可以代表企业整体或某类产品。它传达了企业在其产品、服务和顾客感受方面所期望给予的，即企业渴望实现的东西	我们说我们是谁和成为谁
企业信誉	是利益相关者对企业的总体看法和信任感，是通过日积月累，基于企业的身份、业绩、品牌形象、前景等形成的	别人认为我们是谁和我们做了什么

表5-7辨析了企业识别、企业品牌和企业信誉的含义。企业识别是企业身份的自我定义。按照所讨论的这些概念之间的差别，本书认为，企业可以定义和传播它的身份和品牌，但它的信誉来源于利益相关者对企业行为的印象，且很难受到企业的直接控制。有人认为，"信誉"是一种过于"综合"的概念，企业不能真正地"管理"它。但事实上，企业可以做到，即通过管理包括企业文化在内的、可以提升企业信誉的各种活动来影响利益相关者对企业的看法和信任度。正如前文所述，企业可以实施利益相关者管理、诚信文化建设、信用管理、企业识别等影响利益相关者对企业的感觉和评价，进而提升企业的信誉。同理，企业品牌的强化管理也是提升企业信誉管理的又一重要组成部分。

5.6.2.2 企业品牌对企业信誉的作用

（1）品牌承诺的实现有助于提升企业信誉。维京（Virgin）公司是一个全球化品牌，其经营范围涉及航空、软饮料、移动手机和出版业。按英联邦的企业优秀品牌委员会（UK - based Business Superbrands Council）的说法，Virgin的品牌核心价值是诚实、创新、关爱、资金价值、有趣等。公众也把它与友好、高质量联系在一起。Virgin的创立者兼主席相信只要企业能在每一个提供产品和服务的企业中传递这些品牌承诺，那么企业将会保持持续的成功。在确保企业品牌承诺的努力中，企业不断恳求用户反馈Virgin产品和服务的使用信息，以便实现用户体验的最大满意度。

当消费者一次又一次地从企业中得到所期望的东西时（即品牌承诺被实现了），信誉随之被提升。结果是 Virgin 大西洋航空公司在航空行业 2001 年 Harriis/Reputation Institute 的信誉商排名中名列第七位。在航空业的激烈竞争中，当把 Virgin 的多样化与专注于航空领域的竞争者相比较时，Virgin 能取得如此成就是非常不容易的。

另一个例子是 20 世纪 80 年代，强生公司著名的对泰诺胶囊氰化物污染事件的处理，这是一个危机沟通的"最好实践"，但也说明了保持品牌承诺对信誉的良好影响。事件中有 7 人死于服用污染的胶囊，企业对这件事的处理是以迅速收回产品和对公众健康的关心为特征，这一下子就提升了强生公司是一个"仁爱企业"的信誉。强生公司不仅立即收回了货架上的产品，而且上千名员工对销售范围内的医院、医生、药剂师进行了超过 100 万次的个人专访，以便重建对泰诺名字的忠诚。经过 3 个月的危机时期，强生公司重新获得了危机前市场份额的 95%。20 年过去了，在 2001 年，强生公司以最好的信誉荣获 Harriis/Reputation Institute 的信誉商排名第一。

（2）表达社会责任的品牌能提升企业信誉。影响信誉的许多因素正日益被纳入企业品牌塑造战略中。最明显的例子是企业社会责任（Corporate Social Responsibility——CSR）。随着全球范围内对社会责任问题的日益重视，正如美国 Wally Olins 企业识别公司的创始人 Wally Olins 所说："将来的品牌必须传达有益健康的信号，接下来的与品牌有关的大事就是社会责任问题。"

在大量利益相关者对社会责任问题高度重视的情况下，每年有关 CSR 主题的报告的数量日益增加。2002 年 Price WaterHouse 对全球 1000 多位 CEO 的调查发现，有 24% 的被调查企业有专门的 CSR 报告，66% 的企业在年度报告中涉及 CSR 活动。更重要的是，69% 的企业认为"CSR 对任何企业都是至关重要的"。

企业在向重视社会责任问题转变时会遭受怀疑主义者的谴责，使得许多 CEO 受到伤害，因为他们的努力被认为是自我服务和商业化驱动的。然而，与企业识别和企业品牌有关的社会责任计划对企业的信誉更可能产生正向的影响。

Body Shop 公司就是一个很好的例子。公司创始人 Anita Roddick 的"原则上有利润"的做法是化妆和美化产品领域的一个新生事物。在 Body Shop 公司中，有利于环境的包装取代了浮华的装饰，产品的属性常用一种有利于环境意识的文字来描述。Anita Roddick 致力于把"从利润上移开"的理念渗透到她的企业中，并在产品、包装、店铺本身等每一件事上强化这种理念。

Price WaterHouse 报道："一些消费者可能愿意付 3 美元买一块香皂，如果知道其中的一部分钱用于有价值的事业的话。"准确地说，因为 Body Shop 公司对环境义务的承担已整合到企业的"灵魂"，而且公司对客户和消费者也非常信赖，这些对公司的良好信誉的认知和形成作出了巨大贡献。

5.6.2.3　企业品牌投入与企业信誉积累之间的关系

通过前几章的论述，得知市场上的信息一般是不对称的，从而形成对信誉的需求。另外，企业信誉的供给是基于成本——收益比较大小之后作出决策的。如果市场交易主体之间的合作是一次性的（一锤子买卖），那么企业出于对短期利益的考虑会倾向于不讲信誉；如果市场参与者之间的合作变成重复博弈，企业为了事先长期合作目标会选择良好的信誉。同时，企业信誉的获得需要付出成本，需要长期的积累，但信誉具有很高含金量，是无形资产，将给企业带来巨大的收益。

与信誉资产类似，品牌资产也是企业长期积累的结果。品牌资产的积累是企业内生行为，品牌资产的积累是需要经历一个内因性行为过程。这个过程包含着品牌的理解、品牌的建立、品牌和企业的内部统一和品牌资产的实现。本质上，这个过程是企业的品牌行为。品牌行为及品牌资产的积累见图 5-13。

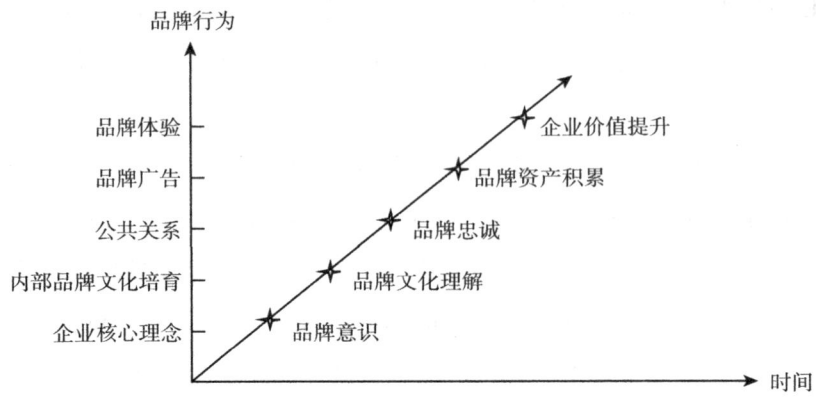

图 5-13 品牌行为及品牌资产的积累

从图 5-13 可以看出，企业信誉和品牌行为是长期积累的。为了寻找信誉和品牌的关系使用了积累模型。

假设企业的寿命是无限的，对信誉和品牌有相同的偏好，企业的跨时信誉积累为 x，是时间 t 的函数。企业通过信誉积累获得收益为 $R(x)$。假设 $R(x)$ 是二阶连续可微函数，并且满足：$R'>0$；$R''<0$。由于企业品牌的扩展性，品牌资产投资与产品量无关，具有固定成本的特定性质。因此，为了简化模型，通过固定投资 $I(0<I<\bar{I})$ 实现品牌投资，通过品牌投资获得连续的信誉积累，可以表示信誉积累方程式：

$$\dot{x} = I - \delta x \tag{5.2}$$

其中，δ 为信誉的折旧率。方程（5.2）表示品牌投入 I 是用来增加信誉积累所需的资本量，并补偿信誉积累过程中的折旧。

假设企业目标函数符合古典假设，依然追求利润最大化，并可表述为：

$$Max \int_0^\infty e^{-\rho t}[R(x) - C(I)]dt$$
$$s.t. \begin{cases} x(0) = x_0 > 0 \\ -\delta x \le \dot{x} \le \bar{I} - \delta x \end{cases}$$

其中，ρ 为市场上资本回报率，ρ、δ 和 $\bar{I}$ 均为常数。

由变分法有：

$$F(\dot{x},x,t) = [R(x) - C(\dot{x}+\delta x)]e^{-\rho t}$$

因此：

$$F_x = [R'(x) - \delta C'(I)]e^{-\rho t}$$

$$F_{\dot{x}} = -C'(x)e^{-\rho t}$$

其 Euler 方程为：

$$R'(x) - \delta C'(I) = \rho C'(I) - C''(I)(\ddot{x}+\rho\dot{x})$$

为进一步简化模型的分析，我们不妨假设 $C(I) = I$，从而 Euler 变为：

$$R'(x) = \rho + \delta \tag{5.3}$$

方程（5.3）表明，信誉的边际生产率等于市场上资本回报率与信誉折旧率之和。由假定 $R' > 0$，$R'' < 0$ 可知，方程（5.3）存在唯一解，记为 x^*。

因受 $\dot{x} \leq \bar{I} - \delta x$ 的限制，方程的解将沿路径 $\dot{x} = I - \delta x$ 移动。这样方程的解为：

$$x(t) = \bar{I}/\delta + (x_0 - \bar{I}/\delta)e^{-\rho t}$$

$x(t)$ 随 t 的增加达到 x^*，然后沿 x^* 移动。因此，最优解为：

当 $t < t^* = -(1/\delta)\ln[(x^* - \bar{I}/\delta)/(x_0 - \bar{I}/\delta)]$ 时，$x(t) = \bar{I}/\delta + (x_0 - \bar{I}/\delta)e^{-\rho t}$

当 $t \geq t^*$ 时，$x(t) = x^*$

从模型最优解可以看出，当用于品牌投入 $\bar{I}$ 不是足够大时，$x(t)$ 沿路径将不能达到 x^*，此时，在信誉积累的路径上，信誉边际生产率不等于市场资本的回报和信誉折旧率的总和。当品牌投资 $\bar{I}$ 足够大的时候，$x(t)$ 可以沿着路线实现 x^*，而信誉的边际生产率等于资本回报和市场信誉的折旧率。具体地说，企业最初可以通过认可、栽培、投资来增加他们的信誉，但是他们完全把他们的资源转向品牌，只有在减少品牌投资限制时，才能尽快完成它。因此，企业的品牌行为应该是在品牌投资中有逐渐增加的倾向。

综上所述，信誉积累受到品牌投入、初始值及时间的影响。上述因素也是导致市场上诸多企业信誉迥异的主要原因之一。最初，小品牌投资将使企业信誉不断增长，但达到一定程度时，品牌投资者必须充分扩大。同时，企业信誉积累的初始值也不同，最终向 x^* 趋近时选择不同的路径。即使是相同的初始值，不同的时间也会有不同的信誉。

5.6.3　企业品牌的塑造

品牌是经过周密细心的设计，由现代企业创造的认知系统。同时，是根据利益相关者对产品的质量和价值的综合的认识。利益相关者的认可和评价是品牌的关键，企业的信用和允诺的兑现是品牌的基石。好的品牌代表着企业的市场定位、产品质量和企业及其产品的文化含义，也象征着巨大的经济价值和竞争亮点。因此，品牌效应实际上是评价效果；建立品牌的过程，是企业声誉被利益相关者有效认知的过程，也是一个积累美誉的过程。

品牌塑造是基于现实企业进行的，它是一项艰巨而复杂的系统工程，从品牌核心理念的确定到利益相关者对品牌的忠诚，需要全体员工长期不懈的努力，其中产品/服务质量是基础，品牌形象传播是手段。如德国大众汽车公司通过调查后发现：一个企业失去的顾客中，30%源于产品质量问题或价格问题；顾客不再购买大众产品而转向其他产品，60%是由于售后服务不好。根据这个调查结论可以得出，企业在树立信誉过程中，首先要从品牌的实体即产品质量和服务两方面入手。优质产品与优质服务带来的企业信誉，能够留住老客户和吸引新顾客。

在供需网环境下，随着企业之间交易方式和企业与消费者之间消费方式的多样化，企业必须把品牌塑造活动延伸到网上。实现网上品牌和网下品牌的统一是供需网企业进行品牌塑造的必由之路。

5.6.3.1　网下品牌塑造和网上品牌塑造的关系

（1）网下品牌塑造是网上品牌塑造的基础。网上品牌基于传统品牌既有的品牌知名度，是企业塑造品牌方式的转移。没有传统品牌的已有的知名度，企业很难在网络的虚拟空间里脱颖而出。

（2）网上品牌塑造是企业品牌形象的扩展和传播。利用网络的无界性和即时性，网上品牌塑造为传统品牌的塑造和延伸提供了更广阔的空间。企业通过在网上塑造品牌，大大提高了品牌的知名度，顺应了竞争的要求和时代的发展。

（3）传统品牌塑造中所提倡的高质量、高服务、重宣传、重信誉等理念同样适合于网上品牌塑造，而且传统品牌塑造和网上品牌塑造都注重与利益相关者的沟通，提高对品牌的忠诚度。

总之，两者是相互联系相互作用的，传统品牌的大众认知度、美誉度和忠诚度，对品牌在网络上的延伸有很重要的促进作用，随着网上品牌的发展，反过来影响传统品牌的大众认知度、美誉度和忠诚度，这里遵循"马太效应"，即知名者更知名，美誉者更美誉的正反馈效应。

5.6.3.2 网上品牌与网下品牌统一的可能性

（1）线下品牌创造的现实市场和线上品牌创造的虚拟市场有着密切的关系。线下品牌是品牌产品、品牌服务、品牌商标、品牌编号的总称，在现实市场得到了顾客的认可。在线品牌是在虚拟市场中突出域名、品牌服务和品牌信息，有助于网民在虚拟市场上的认可。现实市场和虚拟市场却是一个市场的有机组成部分。虚拟市场依赖于现实市场，现实市场必然渗透到虚拟市场。这为线上与线下品牌的一体化提供了市场基础。

（2）按照网络企业的要求开展传统业务是传统企业的普遍趋势。传统企业的网络化是互联网技术发展的必然结果，也是经济全球化的必然趋势。对于传统企业来说，利润就是生存基础，在互联网上的投资必须与自己的实际业务密切相连。如海尔和春兰建立了自己的电子商务系统，但从本质上来讲，"商为体，网为用"。同时，互联网公司正在逐步改善其现有的服务，如 B2B 和 B2C 电子商务公司已经建立了自己的物流和配送系统。企业品牌的塑造依靠业务，这是通过网络来统一品牌的客观载体。

（3）线上和线下品牌的内部要求和成长过程以及最终目标非常相似。

线上与线下品牌的内在要求都是优秀的产品品质和高附加值的企业文化。线上和线下品牌要想成长，都要经历知名度、信赖度、忠诚度的阶段。最终目标都是提高企业的整体质量和增长力。

（4）整合线上与线下品牌的技术条件已基本具备。一方面，在国际市场上发现，我国企业的域名与企业名称、商标的英文译名相同。在国内市场上，中国企业将企业名称、商标名称以汉语拼音注册的形式作为国际顶级域名和中国级域名，能被轻松接受。另一方面，许多网站开发了中文网址服务系统，进行中文域名系统的运行成为可能。

5.6.3.3 网上品牌与网下品牌统一的必要性

（1）网上与网下品牌的统一是保护品牌的需要。随着世界经济的网络化，企业越来越认识到域名所蕴含的巨大商机。国内外不少知名企业的字号、驰名商标被恶意抢注和模仿，从而使企业无法使用自己的字号和商标作为域名进入因特网从事商务活动，导致品牌的无形资产大量流失和无法从事线上活动。因此，应尽快把网上与网下品牌统一起来，在减少信誉受损的风险的同时，使企业品牌能借助网络迅速发展成为全球性品牌。

（2）网上与网下品牌的统一是吸引利益相关者的需要。若企业的网上域名就是网下家喻户晓的企业字号、商标名称，则有利于社会公众识别、记忆、信任企业。此外，还可以充分借用其原有的声誉和客户基础，吸引更多的客户在短期内访问互联网。企业还可以充分发挥品牌名和商标名的在线品牌效益，吸引众多网民进行实体访问。因此，线上和线下品牌的整合可以使线下实体和线上虚拟以史无前例的速度增加客户规模。

（3）线上与线下品牌整合是降低品牌塑造成本的需要。无论线上品牌还是线下品牌，其重要特点之一是美誉度。如果企业宣传网站和域名与线下品牌无关，那么一方面将投资大量资金，另一方面这种宣传投资将不利于线下品牌。如果域名和线下品牌相统一，则可以在发布域名的时候发布线下品牌，使得宣传投资一箭双雕。

5.6.3.4　网上品牌与网下品牌统一的实现途径

（1）树立品牌体系理念，加强品牌整合意识。在供需网的环境下，企业品牌系统由互联网品牌子系统和线下品牌子系统构成，是一个密切联系的有机整体。根据系统理论，整体胜于部分的总和。企业品牌效应不是单纯的线上与线下品牌效应的总和，而是线上与线下品牌效应的有机结合，远远大于单纯的线上与线下品牌效应的简单相加。另外，外部环境会影响企业的品牌体系，企业的品牌体系也会影响外部环境。因此，为了实现互联网和线下的品牌整合，需要多方合作和长期不懈的努力，而不是一日之功。

（2）制定线上与线下品牌统一的战略规划。规划是行动的指南和结果，一切行动都围绕规划进行。制定线上与线下一体化的品牌战略规划，对线上与线下品牌的统一化具有指导性意义。企业应该以实体和虚构两个市场为对象，从全球角度思考企业的品牌战略。通过线上和线下调查，充分了解两个市场的客户需求、特点、竞争对手，充分利用自己的优势，回避自己的劣势，将具有自己特色的产品和服务作为品牌的重点培养对象。实现线上与线下品牌在战略的目标、重点、措施的融合，重视网络品牌的创立和线下品牌在网络上的延伸，把线下品牌视为网上品牌的后盾。为了确保这个计划的科学性和合理性，聘请外部专家进行评审，集思广益，高度统一网络品牌。

（3）建立线上与线下品牌整合的组织体系。网络技术正在推动企业的科学技术、市场环境发生转变，推动企业内部战略规划、技术基础和业务结构发生变革，因此新的组织就会应运而生。线上和线下的品牌整合是企业战略适应外部市场变化的调整。它要求建立既能扩大各部门的自主性，又能加强总部控制力的组织。基于该组织实体部门和虚拟部门都可以迅速应对环境的变化，采取行动，积极协助总部对各部门进行统一部署，确保线上和线下品牌的有效整合。

5.7 基于企业公共关系的信誉创建

在经济全球化和网络化背景下,企业信誉是企业发展所致力追求的目标,公共关系对企业的生存和发展越来越重要。基于原有理论基础,公共关系的价值取向和操作技巧已显现出现代化的发展趋势。现代公共关系是以塑造企业形象,提升企业知名度和美誉度为己任的企业运营理论、模式和技巧。在激烈的市场竞争中,如何有效利用公共关系增强企业危机应对能力,最终把无懈可击的美好形象深刻地留在利益相关者的记忆里,这些是有待深入思考的问题,也是本节所要研究和尝试解决的问题。

5.7.1 公共关系及其构成要素

公共关系(Public Relations),简称 PR,20 世纪初发端于美国,被誉为"公共关系之父"的美国人爱德华·伯内斯(Edward Bernays)在 1919 年成立了美国第一家公关公司,并与志同道合者一起,运用心理学、社会学和市场研究提出了系统而科学的公共关系学理论,为公共关系发展成为独立的学科奠定了基础。随着该学科的发展,公共关系的科学内涵得到不同层面的阐述。美国著名公共关系专家卡特利普和森特在其公关业权威书籍《有效公共关系》(*Effective Public Relations*)(2000 年)中,给出了较简洁的公共关系定义:"公共关系是一项管理职能,其目的是在一个组织和决定该组织成败的所有公众之间建立和维持互利关系。"作者从系统论的角度,进一步考察了社会组织与公众的关系,揭示了二者互惠互动的公共关系本质。作为一种管理职能,公共关系是一种传播沟通行为、利益协调机制和形象塑造工作。

从公共关系定义可看出,构成公共关系的三大要素为:

(1) 公关主体——组织。是主动发起和从事公共关系活动的主体,包括营利主题和非营利主题，如企业、政府机构、教育机构、宗教组织等。

（2）公关客体——公众。公关客体是指公关主体执行政策和行动所影响到的特定利益群体。公共关系最重要的前提是确定公众对象，一个组织的公众对象包括以下几方面：

雇员——管理层人员、固定员工、临时员工、未来员工、工会会员、退休人员、员工家属。

社区——厂区、公众居住区；社区组织、街坊团体、商会。

客户——按地区分为：地区性的、全国性的、全球性的；按功能分为：消费者、分销商、批发商、零售商、包工者。

工商业——原材料供应商、生意伙伴、竞争对手、专业协会、合资企业、同业工会。

媒体——一般性质媒体、专业性质媒体、外国媒体。

学术界——理事、大学董事、董事会成员、行政人员、教职员工、校友、学生。

投资与金融业——股东、银行家、股票交易人、金融分析师、投资管理者、潜在的管理者。

政府机构——按地区分为：地区、省、全国、全球；按功能分为：立法、管理、行政、司法。

特殊利益群体——环保、安全、宗教；残疾人、少数民族、老年人、青少年；消费者权益保护、健康保险。

企业的公众即利益相关者，是上述公众的一部分。

（3）公关主体与公关客体的联系手段——信息传播。信息传播是沟通公关主客体的唯一媒介。被誉为"现代公共关系之父"的夏博新（Harold Borson）认为，公关是"认知管理"，公关人是"认知管理者"。在供需网环境下，企业信息传播渠道，或者说公众接受信息的渠道很多，包括大众媒体，如广播、电视、报纸杂志等，还包括企业新闻稿、广告、网站、微信、QQ等，以及业界产品与服务展销会、同行之间的交流等。

由此看来，公共关系就是建立和保持关系的学问。公共关系学的发展不仅为企业在其所针对的公众面前树立了正面形象，带来无限商机，也推动了社会的稳定、繁荣和发展。

5.7.2 公共关系与企业信誉

企业公共关系是利用传播、沟通手段，为推进内外公众对它的理解、信任、合作与支持而采取的各种行动和由此产生的各种关系，以期塑造组织良好形象，创造企业发展的最佳社会环境。公共关系作为一门学科体系，其"塑造组织形象"的工作目标愈发受到学界、企业界的重视。而信誉的本质是企业凭借自身的独特优势赢得了利益相关者的青睐，进而使企业获得了超额利润。两者在其塑造组织形象、赢得公众持久好感上得以交融，因此可以从目的和手段的角度来搭建它们之间的关系桥梁。

（1）企业信誉的塑造与提升是现代公共关系发展的最终目的。从公共关系的工作宗旨来看是为公众服务，力图在为公众带来实际利益和心理利益的过程中，赢得公众，为企业提供和谐良好的公众环境；从公共关系的工作目标来看是塑造企业形象，通过多角度提高企业在公众心目中的知名度、美誉度、满意度、忠诚度，统一形成企业的整体形象，即企业信誉。公共关系的工作内容和工作途径都不同层次地反映和传播着企业信誉，并以诚信的基调来显示企业信誉的内涵，以利益互动的方式使企业信誉得以最大化。

（2）现代公共关系的"形象制胜"战略是信誉虚实结合、感性与理性统一的有效手段。信誉来自于和谐的商业关系，是一种"最无形"的无形资产，企业与内外部利益相关者的良好公共关系和好感体现为两个方面：一方面是"硬件"因素给予的物质利益满足感，"硬件"因素包括优质产品与服务、生产经营诀窍、专有技术、企业拥有特权或所处的特殊地位；另一方面是"软件"因素给予的基于信任、依赖的精神利益满足感，"软件"因素包括企业拥有的杰出管理人员、科学的管理制度、融洽的公共关系和优秀的资信级别等。突出企业形象、强调形象效应和意境效应已成为现代公共关系的中心内容，并将满足利益相关者的心理需求以及情感诉求纳入其中心内容，通过以舆论化和亲情化的宣传手段产生轰动效应和心理辐射效应。从而实现"引起注意—培养好感—产生欲望—采取行为"，促使公众心目中良好企业信誉的生成、强化和扩散。

从上述由实及虚、以虚显实的过程中，可以得出：从某种意义上，现代公共关系就是动用各种手段、技巧塑造企业良好信誉的过程。建立一个良好的企业信誉应是公关部门及每个公关者长期追求的目标。

5.7.3 公关人员实施企业信誉管理的程序

随着外界环境变化，企业的公关主管及工作人员应及时了解社会和市场所面临的主要问题及其发展趋势，并有效地预判对企业的长期影响，合理运用现代公共关系的策略来建构应变的企业信誉管理体系，致力于在全球化基础上进行信誉资产的管理。公关人员实施企业信誉管理的流程见表5-8。它由相互联系的12个工作步骤组成，前5项工作是对企业现状的评估，在此基础上，制订信誉改进目标和实施计划。

表5-8　　　　　　　公关人员实施的信誉管理流程

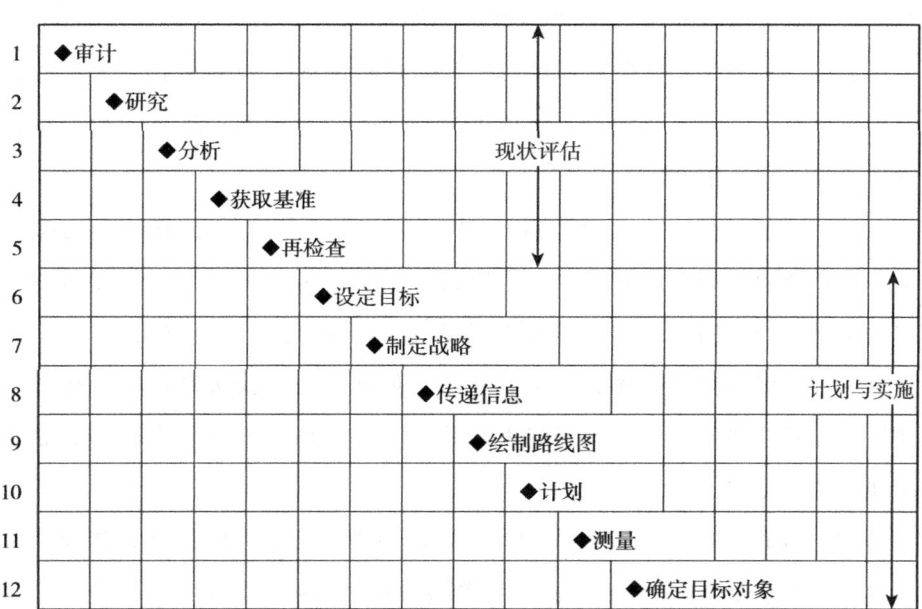

（1）审计。内部审计是信誉管理的起点。一是收集和察看企业的现有数据，包括企业精神和企业行为方式。有些企业拥有关于企业价值观、愿景和使命的书面陈述，但大多数企业可能没有；如果它们存在，则把它录入公关数据库；整理与企业承诺有关的企业广告和产品广告；追溯企业的渊源，即考察企业创始人或与企业成长有关的其他人的传记和作品，向见证人或通过已有的资料了解企业的历史。这些信息使公关部门对企业的演变和特色具有特殊的洞察力，也为企业身份和企业信誉的创建提供了重要基础。二是重新检查企业现有的交流工具，包括年报告、时事通讯和杂志、录像、网站等。三是在世界范围内，利用国际会议、电视等各种访谈方式，向接受调查的企业公关总监和非公共人士调查他们对企业危机的看法；在企业世界范围内的主要市场和主要运行机构中，有选择地访谈一些高层官员，了解他们对企业信誉的看法。

（2）研究。收集和巩固企业各部门和机构所做的市场和消费者研究，可能会惊讶地发现：在丰富的信息中存在各种各样的隐蔽和漏洞，将这些情况与参考标准进行对比，将会得出有关企业信誉的有用结论。

考察可免费得到的研究报告，包括金融分析报告、行业分析报告，尤其要留意主要报纸和杂志的"问题报告"栏。为了更好地控制企业信誉，还要关注《财富》《信誉管理论坛》《远东经济论坛》等期刊上公布的企业信誉排名，实际上每种排名所考虑的因素是很相近的，这些为企业信誉管理提供了重要依据。

（3）分析。从收集的大量数据中提取结果，加入到已有的研究报告中。检查企业信誉在不同区域和国家的差异性，为今后的工作提供努力方向。基于已经查明的结果，撰写报告以表明企业是如何被感觉的。然后，撰写一个相似的企业描述表明企业希望被如何感觉。公关部面临的挑战是开发合理的战略和计划，逐渐将人们的感觉从目前的现实状态转移到企业所期望的目标状态上。

（4）获取基准。从其他成功的企业经验中进行学习的过程，称为获取基准。列出至少20个企业最钦佩并希望效仿的企业，其中大多数企业应与本企业在同一商业领域，另外一些企业也应在本企业的相关领域运营。因为在获取基准的过程中，并非所有企业都愿意配合，这也是最初应列出20个企业的原因。如果其中有10个企业愿意提供信息就足够了，这些信息将是无价的，对完成接下来的计划和实施阶段具有重要的指导意义。仔细研究这些企业是如何增强和保护企业信誉的，并将相关问题列在调查表中。可以采取专访、参观或电话等形式完成调查。

从这些基准中，确定哪些基准是本企业寻求的、用于提升企业信誉的最好实践参考。

（5）再检查。这是现状评估的最后一个阶段。给出更新建议，并传递给企业决策者和各级员工，在计划和实施阶段之前广泛征求意见。在本检查阶段，有两个重要的任务：一是总结到目前为止的调研结果；二是完成企业优势、劣势、机会和威胁的分析，即众所周知的SWOT分析。这些分析将为企业提供一个有用的"信誉资产负债表"。公关人员的角色将是建立和传播优势、消除劣势、抓住机会和规避威胁。

（6）设定目标。如果评价阶段表明企业在信誉方面问题重重，需要切实考虑目标的可行性，并对目标进行分解，分成短期、中期和长期目标。虽然目标应该远大，但它们必须可测量，目标具体化是非常重要的，以便在计划评估阶段能够回答是否实现了目标。对每一个可接受的目标，要针对每组利益相关者（投资者、员工、消费者、合作者、政府等）制定补充目标。

（7）制定策略。按照公关目标概括公关战略，但注意不要混淆策略和行动的区别。有一个简单的方法来区分它们：目的/目标＝我要到哪儿；策略＝我怎样到那儿；行动＝明确我要做什么才能到那儿。必须为全世界范围内的不同市场制定不同的策略。上述研究和分析可能明确表明，企业在不同运作区域甚至国家，被感觉到的信誉是不同的，因此要针对每个区域制定不同的策略，所有这些战略必须进行综合协调，以满足企业的总体策略。

（8）传递信息。回到步骤（3），分析和回顾所感觉到的企业信誉现状的简短描述。撰写一个新的陈述，表明通过信誉管理要达到的顶尖水平。新的陈述不仅对广告词的开发有重要作用，而且对下一阶段的绘制信誉地图也是非常必要的。

综合这些关键信息。因为这将会成为企业发言人的一个制胜法宝，也是企业创造一个新感知的基石。把信息按全球化市场和特别重要的区域市场进行分类。通过代言人的反复宣传，使信息渗透到利益相关者和广大受众的意识中。

（9）绘制路线图。将企业的信誉描述转变为一张有起点和终点的路线图，有助于公关部门跟踪企业信誉的进步。为每一个需要改进的信誉领域分别画出路线图。例如，经研究显示，企业对待环境和污染的态度方面得分较低，而且对环境的关心落在了企业竞争者的后面。此时，需绘制尽量详细的环境问题地图，其中反映企业与竞争者的差距及企业信誉改善目标，见图 5-14。画出企业的"综合信誉"的路线图见图 5-15。值得注意的是，不能只提高知名度，要实现知名度和信誉度同时提高，或者在提高知名度之前，先提高与企业交往密切的利益相关者对企业行为的信誉度。

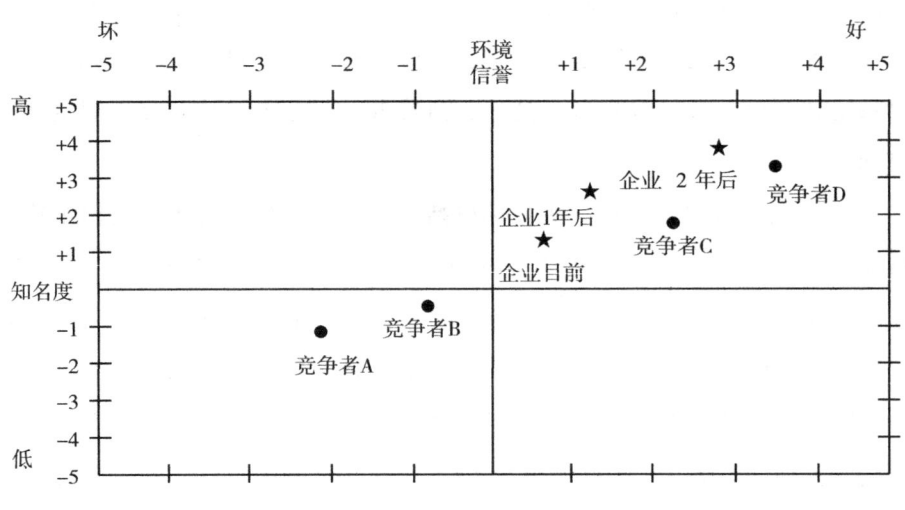

图 5-14　环境信誉路线图

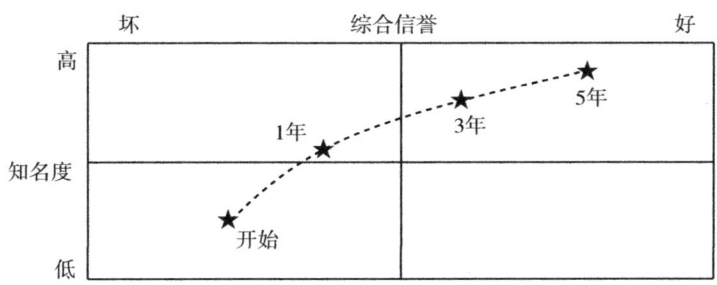

图 5-15　综合信誉路线图

最糟糕的开始位置是信誉地图的左上区域。处于该区域的企业具有高知名度与低信誉度，属于"臭名昭著"型企业。此时，要改变人们对企业的印象并提高信誉度，将需付出更高的代价。

（10）计划。

制订计划并实施，以便使企业沿着路线图实现预定目标。一是提出一个难忘的、鼓舞士气的、富有创造性的理念。该理念象征和浓缩了企业要追求的信誉，像一面旗帜一样将企业所有成员聚于旗下。理念或主题应注入企业需完成的所有行动计划，并把它们有机联系在一起。二是制订企业的行动计划。当然，没有必要从一张白纸开始，使用一切可得到的现成的策略和技术，借鉴有用的，剔除无用的。只有当浏览了所有已知的技术以后，再考虑开发新的行动计划或策略，以便满足特定的企业境况。下面列出了相当全面的公共关系工具箱，可以利用这些要素为企业各部门构造可执行的核心计划。

记者招待会，简报；

新闻资料袋，事实清单，照片，背景，发布新闻稿；

网站，公众号；

CD ROM；

面对面会议，赠送卡片；

表明在某个问题上的立场的文告，白皮书；

专栏；

企业提供的文章，章节，段落；

年度报告；

发言人，演讲台，公开巡视；

研讨会；

调查和民意测验；

事件赞助；

慈善活动。

（11）测量。如果不能证明在实现目标过程中已经取得了成功，只能说明公关部在浪费时间。因此在过程开始时和进行中，一是与高层决策者及时沟通并获取支持；二是对目标实现程度进行衡量。①从研究开始。定期监控公关行为，判断企业的信誉是否在预计的轨迹上发展，是否实现了目标。②重新审计企业内部员工，员工对企业的印象如何。③完成年度危机问题分析报告，明确公关部已经设法缓解和控制了哪些问题，哪些问题正变得越来越重要。④与关键的利益相关者群体进行面对面的访谈。⑤检查信誉路线图。基于综合结果，检查企业向渴望的信誉终点前进了多少距离。

（12）确定目标对象。有效确定目标对象能确保公关工作和预算的经济性。更重要的是，它将保证企业在关键利益相关者中取得信誉的提高。一是列出企业的所有利益相关者，然后列出对利益相关者的态度施加影响的主要利益相关者，如媒体。二是将利益相关者种类按重要性排序，以便当资源有限时，优先重要的利益相关者。三是在每类利益相关者内进行重要性排序。例如，并非所有用户都一样，并非所有政府法律制定者的影响都相同。把企业的目标对象按重要性分为 A、B、C 三类。公关部要把注意力和资金预算更多地花费在 A 类上。四是使用可得到的公共数据库建立企业的目标对象列表，并定期更新企业自己拥有的数据库。与目标对象的联系方式可以采用信件、E－mail、QQ、微信、电话或会议。

企业的信誉管理对于公关从业人员来说，是一个重要挑战。公关人员不仅责任重大，而且需要拥有非公共关系专业方面的广泛技能和经验。值得指出的是，企业现实和企业信誉是相互联系、不可分割的。无论公关者多么出色和富有经验，都很难为一个行为败坏的企业创造和保持一个好信誉。

5.7.4 企业信誉危机的公关策略

除了以上经常性的企业信誉管理工作之外，公关人员的另一艰巨任务是协助企业高层圆满应对信誉危机。现代企业生存在一个急剧变化的世界中，无论是享誉世界的跨国公司，还是默默无闻的中小企业，都会面临危机的困扰，在供需网环境下会更大程度地遭受危机的侵袭。如业绩的下滑、企业财务丑闻、知识产权争执引起的法律诉讼、产品瑕疵和回收、有毒化学物质的泄露、管理高层突然辞职和职务变动、企业兼并和裁员等，由此引发的企业信誉危机，致使企业处于极为不利的舆论环境中。因此，正视企业信誉危机，采取正确的应对策略是危机公关发生作用的关键。

5.7.4.1 信誉危机公关的基本原则

（1）公开性原则。"公众必须被告知"是国际公关界和企业界共同认同的一项基本原则。信誉危机事件的产生无论是否有主观上的过错，都应在危机涉及的范围内，向公众公开事情的真相，不能含糊其辞，更不能置公众意愿于不顾，封锁消息，"无可奉告"只能给人造成搪塞及掩盖事实的真相的印象。

（2）真实性原则。真实性是公共关系的生命，企业在处理信誉危机事件时，必须向公众如实反映和汇报事件的原因、结果、自己的态度及正在和将要采取的补救措施。不能隐瞒真相，更不能嫁祸于人。即使因危机突发而未能查清全部情况，也要对公众如实相告。

（3）及时沟通原则。信誉危机发生后，企业应及时主动向有关部门，尤其是向新闻媒体通报情况，不能消极等待有关部门来调查处理。如果媒体不能在第一时间从企业获得第一手信息，就可能根据自己的判断向外界报道，结果使危机局面变得更加复杂。

(4) 公众利益至上原则。信誉危机事件的发生会使企业遭受重大损失，也给公众带来极大伤害。当二者无法兼顾时，危机公关人员应坚定不移地把公众利益放在首位。一切策划活动都必须围绕保障公众利益进行，只有这样才能重新赢得公众的信任和支持，使企业安然度过信誉危机。

5.7.4.2 信誉危机公关策略及实施

（1）设立信誉危机控制中心。信誉危机发生后企业应立即成立危机控制中心，制定危机处理目标。通常信誉危机控制作为危机处理的指挥中枢，由企业的CEO担任总指挥，指派专职危机公关人员组成。CEO要亲临现场，并代表企业直面各界公众。

（2）确认危机发生及性质。由于认识偏差，企业常将信誉危机的性质错误归类，如英特尔公司把奔腾芯片的运算错误当作纯技术问题，而忽略了用户的不满和不信任情绪，结果遭受重创。为此，在信誉危机发生的第一时间，企业高层即应作出敏锐反映，不仅确认危机已经出现，而且要准确辨认危机的性质，以免错过控制危机的最佳时机。

（3）查明事情真相和原因。实践证明，尽快查明事实真相及其原因，是消除传闻和误解、控制信誉危机蔓延、避免企业信誉受损的关键所在。无论信誉危机是主观蓄意还是客观偶然因素引发的，企业都应立即着手查明事实真相，弄清产生危机的原因。

（4）强力阻止事态发展。为减少信誉危机的危害，企业的重要举措是立刻阻止和切断危机源。如强生公司的"泰诺"事件发生后，企业立即采取果断措施全部收回同类所有药品，避免中毒事件的再次发生。果断决策，快速行动，是控制危机局面的关键环节。

（5）争取内外公众的理解和支持。伴随信誉危机的发生，社会各界利益相关者如企业股东、合作伙伴、社区居民、媒体和政府部门等都非常关注事态的进展。企业应指定一名代言人，代表企业以一种声音统一向外界发布消息、回答问题、报告进程，以争取外部利益相关者的理解和合作。同时，企业应将事故真相和采取的措施及时通告全体员工，使员工在充分知情的前提下，与企业同心同德，度过难关，这是企业安然度过信誉危机的基础。

（6）与媒体真诚合作与沟通。信誉危机发生后，借助媒体的传播功能帮助企业迅速澄清真相，解除公众疑虑和抑制谣言蔓延，让公众获悉企业所做的努力，对企业给予理解和支持。但"水能载舟，亦可覆舟"，公众的不满情绪，可能因媒体的介入而放大。因此，在信誉危机发生之初，企业应主动与媒体沟通，首先赢得媒体的理解和支持，以便减轻舆论压力，为消除信誉危机的影响创造更为宽松的环境。

总之，危机即包含了危险，也包含了机会。公关部门如能协助企业在第一时间准确确定危机根源，有针对性地传递公正、准确的信息，并果断采取强力措施，就会使危机带来的危害降到最低，使企业的信誉转危为安。

6 研究成果及展望

6.1 研究成果

本书的主要研究成果总结如下：

(1) 对企业信誉概念的界定和分析。关于企业信誉的定义，国内外学者从不同角度有不同的理解，作者在总结国内外学者具有代表性的定义的基础上，对企业信誉的含义进行界定，认为企业信誉是指基于企业过去行为和未来前景，对企业履行各种承诺的能力及企业整体可信任程度的综合判定，包括企业信用和声誉。企业信誉的六大特征：信誉目标的特殊性；信誉资产的无形性；信誉独有的补偿性；信誉影响的外部性；信誉形成的长期性和易碎性；信誉评价的外在性。同时，从经济学角度探讨了企业信誉问题的起源及本质，得出结论：信誉问题的本质是人的自利性及个体和组织追求自身利益最大化；信誉问题产生的根源是失信收益大于失信成本。

(2) 信誉作为企业机会主义行为的控制机制。通过分析交易成本经济学和委托—代理理论（信息经济学）在抑制企业机会主义行为方面所采取的主要方法的基础上，指出在交易环境不确定性的供需网中，信誉机制对控制逆向选择和道德风险的优势。并从运行的条件、信息共享、信息的误解与复杂性及信誉系统的适用性四个方面论述了信誉机制的运行。

(3) 基于信誉机制的供需网集成效应。供需网集成效应的产生取决于供需网成员各方的合作诚意和共赢理念，而这种局面的出现是建立在成员企业良好信誉的基础之上的。本书运用博弈论构建了一个简单的供需双方合作博弈模型，通过对模型的求解得出结论：信誉机制的引入使供需双方走出了"囚徒困境"，此时各方获益最大的诚信策略成为该模型唯一的纳什均衡解。同时，探讨了信誉机制在供需网管理中的深层次作用。

（4）基于 3PSDI 的企业信誉评价指标体系构建。遵循全面性、独立性、简约性的原则，从信誉概念的内涵出发，结合 3PSDI 在线环境和供需网节点企业类型众多、规模不一的特点，提出了基于 3PSDI 的信誉评价指标体系由 3 个大类指标和 40 个单项指标组成，三个大类指标为信用能力、信用行为（在线信誉）和声誉。

（5）基于 3PSDI 的企业信誉评价模型的建立。针对指标性质的不同，用不同方法分别构造了企业信用能力、企业信用行为（在线信誉评价）和企业声誉的评价模型。在信用行为评价模型中，考虑了不同交易时间、不同交易金额对信誉值的影响，同时反映了不同供需质交易的信誉状况。在声誉评价中，将模糊 C 均值聚类方法（FCM）用于连续指标的离散化处理，运用模糊综合评价法构造了声誉评价模型。并使用百分制、等级制等方式在 3PSDI 中展示信誉评价结果，以便将企业信誉状况多角度、多层面地展现给用户。

（6）供需网环境下企业自身信誉的创建。认为创建良好的企业信誉是通过供需网管理模式实现企业价值不可或缺的一个重要方面。从企业信誉的定义和特征出发，提出了企业信誉创建的过程模型，并围绕该模型分析了利益相关者管理、诚信文化建设、信用管理、企业识别、品牌塑造和公共关系等与企业信誉形成的内在联系，探讨了如何利用这些理念和方法实现信誉的积累和认知。该研究内容适合于供需网和非供需网环境下的各类企业。

6.2　研究展望

关于供需网环境下企业信誉问题的研究，对于作者而言，无论在理论上还是在实践上,都是一个新的富有挑战性的课题。由于个人学识、能力和时间的局限性,本书研究成果只是对这方面作了一个初步的尝试,还有许多问题有待于今后的深入研究:

(1) 供需网环境下企业自身信誉的创建是一个复杂的系统工程,本书基于这种思路构建了企业信誉创建的过程模型,并着重从利益相关者管理、诚信文化建设、信用管理、品牌塑造的角度探讨了企业信誉创建,但影响企业信誉的因素和方法是多方面的,如员工抱怨管理、企业行为规范机制等。同时,各种管理方法和手段在供需网环境下企业信誉创建过程中的实证分析,也是今后待研究的问题。

(2) 本书研究成果主要从理论层面对基于第三方集成化供需信息管理平台的企业信誉评价进行研究,基本形成了3PSDI环境下的较为完整和系统的企业信誉评价指标体系和评价方法,但由于信誉问题的复杂性,在实际中应需灵活运用。另外,由于收集数据的困难以及作者时间和精力的限制,没有将其应用于全球企业的实证研究,这些是后续工作中有待研究的内容。

(3) 要将3PSDI环境下的企业信誉评价系统有效运作起来,还需相关的技术、法律和社会环境的支撑。如网络身份认证技术、网络安全技术、有关信息披露和信用行为的法律法规的制定、商业和信誉信息数据库的建立和运用,及全社会的诚信意识和信用消费习惯的培养,等等,这是今后有待研究的相关内容。

参考文献

[1] 徐福缘,何静.多动能开放型企业供需网初探[J].预测,2002,21(6):19-22.

[2] 韩路.多功能开放式企业供需网及其支持系统[D].上海:上海理工大学,2002.

[3] 孙纯怡.多功能开放式企业供需网的机理、应用及其支持系统研究[D].上海:上海理工大学,2003.

[4] 肖艳玲,徐福缘.战略联盟的道德风险及其防范研究[J].科学管理研究,2003,21(1):77-80.

[5] 肖艳玲,徐福缘.利益相关者对企业信誉的影响分析[J].科学学与科学技术管理,2003(8):103-105.

[6] Manto Gotsi, Alan Wilson. Corporate reputation management: living the brand [J]. *Management Decision*, 2001, 39(2):99-105.

[8] Stanley J Kowalczyk, Michael J Pawlish. Corporate Branding Through External Perception of organizational Culture [J]. *Corporate Reputation Review*, 2002(5):159-176.

[9] Fombrun, Charles J. Vanriel, Cees. The Reputational Landscape [J]. *Corporate Reputation Review*, 1998(1):5-14.

[11] Davis Young. *Building Your Company's Good Name – how to Create & Protect the Reputation your Organization Wants & Deserves* [M]. Amacom, 1996.

[12] Sabate J., Puente E. Empirical Analysis of the Relationship Between Corporate Reputation and Financial Performance: A Survey of the Literature [J]. *Corporate Reputation Review*, 2003 (2): 161–177.

[13] Cludio A, Pinheiro M, etc. Company Reputation and Corporative Social Responsability: Theoretical Aspects [J]. *Rege: Revista de Gestao*, 2004 (2): 87–98.

[14] Grahame R. Dowling. Defining and Measuring Corporate Reputations [J]. *European Management Review*, 2016, 13 (3).

[15] Forcadell F J, Aracil E. European Banks' Reputation for Corporate Social Responsibility [J]. *Corporate Social Responsibility & Environmental Management*, 2017, 24 (1): 1–14.

[16] Hasan R. Yun T M. Theoretical Linkage between Corporate Social Responsibility and Corporate Reputation [J]. *Indonesian Journal of Sustainability Accounting and Management*, 2017, 1 (2): 80–89.

[17] 董梁, 李松涛, 沈思玮. 声誉问题的博弈分析 [J]. 系统工程理论方法应用, 2002 (3): 254–159.

[18] 徐鸿. 企业信誉研究 [D]. 西安: 西北大学, 2002.

[19] 付爱玲, 杨成国. 企业信誉风险界定与分类探析 [J]. 经营管理, 2003 (5): 31–32.

[20] 姜向阳. 论企业信誉机制的建立与完善 [J]. 理论月刊, 2005 (2): 163–165.

[21] 何静. 多功能开放型企业供需网的若干问题研究 [D]. 上海: 上海理工大学, 2004.

[22] 高海峰. 不对称信息市场下的企业信誉影响研究 [J]. 中国市场, 2019 (20): 79–80.

[23] 张维迎. 法律制度的信誉基础 [J]. 经济研究, 2002 (1): 1–8.

[24] 王芳, 王美萃, 侯玲. 企业信誉的形成与缺失的机理分析——基于囚徒困境模型的考察 [J]. 内蒙古财经学院学报, 2011 (2): 35–39.

[25] 唐振林. 论企业管理中的信誉战略管理 [J]. 财经界（学术版），2015（1）：93.

[26] 何建佳，蒋雪琳，徐福缘. 基于供需网企业合作博弈模型的演化路径分析 [J]. 运筹与管理，2019（9）：79-86.

[27] 惠瑶. 企业信用信息支持问题研究 [D]. 长春：东北师范大学，2004.

[28] 邹国峰. 供需网环境下企业信誉评价研究 [D]. 长春：东北石油大学，2006.

[29] 张巍，刘鲁，朱艳春. 在线信誉系统研究现状与展望 [J]. 控制与决策，2005，20（11）：1201-1209.

[30] 肖艳玲，高翠娟，罗洪云. 系统工程理论与方法 [M]. 北京：石油工业出版社，2019.

[31] 周茜，谢雪梅. B2C 电子商务信用风险测度与网商免疫力提升路径 [J]. 技术经济，2018（8）：108-118.

[32] 陈浩，李银胜. 面向多维度的电子商务主体信誉评价与计算 [J]. 计算机应用及软件，2015（10）：26-30.

[33] 丁胜利，李永丽. 基于社会责任的企业信誉资本生成机制 [J]. 商业会计，2014（21）：84-86.

[34] 王凌云，刘厚军，张龙. 论外部利益相关者对企业战略成功的影响及其启示 [J]. 软科学，2003，17（6）：29-33.

[35] 林斌，杜静. 基于利益相关者的上市公司诚信指数研究 [J]. 会计之友，2017（7）：8-15.

[36] 贾春峰. 世界著名企业的诚信文化建设与经营实践 [J]. 理论前沿，2004（2）：25-27.

[37] 林钧跃. 企业信用管理 [M]. 北京：企业管理出版社，2001.

[38] 陈明森，夏玉华，陈莞. 企业信用危机与受信管理 [J]. 福建论坛·人文社会科学版，2005（8）：9-13.

[39] 韩国丽. 企业信用危机的预警及管理 [J]. 武汉大学学报（人

文科学版），2005，58（1）：113-118.

［40］肖艳玲，生艳梅，佟秉钧.基于企业识别的企业信誉管理系统［J］.系统科学学报，2020，28（3）：76-79.

［41］袁翔.基于数字媒体的企业识别系统研究［D］.长沙：湖南大学，2004.

［42］程崇祯，周世民.信誉及品牌：模型构建及其经济学分析［J］.数量经济技术经济研究，2004（6）：101-107.

［43］贺爱忠.网上名牌战略［M］.北京：经济管理出版社，2000.

［44］胡百精.公共关系：理论、实务与技巧［M］.7版.北京：中国人民大学出版社，2022.

［45］张彦.现代办共关系视野下的企业商誉研究［D］.重庆：西南师范大学，2003.